Klasse! B1.2

AF636038

Deutsch für Jugendliche

Kursbuch mit Audios und Videos

Sarah Fleer
Ute Koithan
Bettina Schwieger
Tanja Sieber

Alles Digitale zu diesem Buch kann auf der Lernplattform **allango** von Ernst Klett Sprachen abgerufen werden. So geht's:

QR-Code scannen oder **www.allango.net** aufrufen

Zur Aktivierung zusätzlicher Komponenten geben Sie bitte folgenden Lizenzschlüssel ein:

EKS-607318-abfc-5fc5-9119

Weitere Informationen dazu finden Sie unter: **www.allango.net**

Ernst Klett Sprachen
Stuttgart

Autoren: Sarah Fleer, Ute Koithan, Bettina Schwieger, Tanja Sieber
Beratung und Gutachten: Virginia Gil (Madrid), Beate Lex (Jena), Thomas Polland (Sarajewo), Silvia Zemp Campana (Cagiallo, Schweiz)
Projektleitung und Redaktion: Felice Lembeck und Angela Kilimann
Herstellung: Carolyn Merkel
Layoutkonzeption und Gestaltung: Andrea Pfeifer, München
Illustrationen: Andrea Naumann, Aachen
Satz: Katharina Forschner, Fotosatz Amann, Memmingen
Umschlaggestaltung: Studio Schübel, München
Titelbild und Auftragsfotos: Dieter Mayr, München

Videos
Produktion und Regie: Bild & Ton, München
Kamera: Martin Noweck, München
Postproduktion: Thomas Simantke, Stuttgart

Grammatikclips
Drehbuch: Dr. Eveline Schwarz, Graz
Redaktion und Regie: Felice Lembeck und Annette Kretschmer
Kamera und Postproduktion: Thomas Simantke, Stuttgart

Audios
Aufnahme und Postproduktion: Plan 1
Musik: Johannes Then (Kapitel 9)
Regie: Plan 1 und Felice Lembeck

Informationen und zu diesem Titel passende Produkte finden Sie auf: www.klett-sprachen.de/klasse

1. Auflage 1 3 2 1 | 2026 25 24

Druck und Bindung: Elanders Waiblingen GmbH
ISBN 978-3-12-607318-9

9 783126 073189

Dein Kursbuch

6 Kapitel

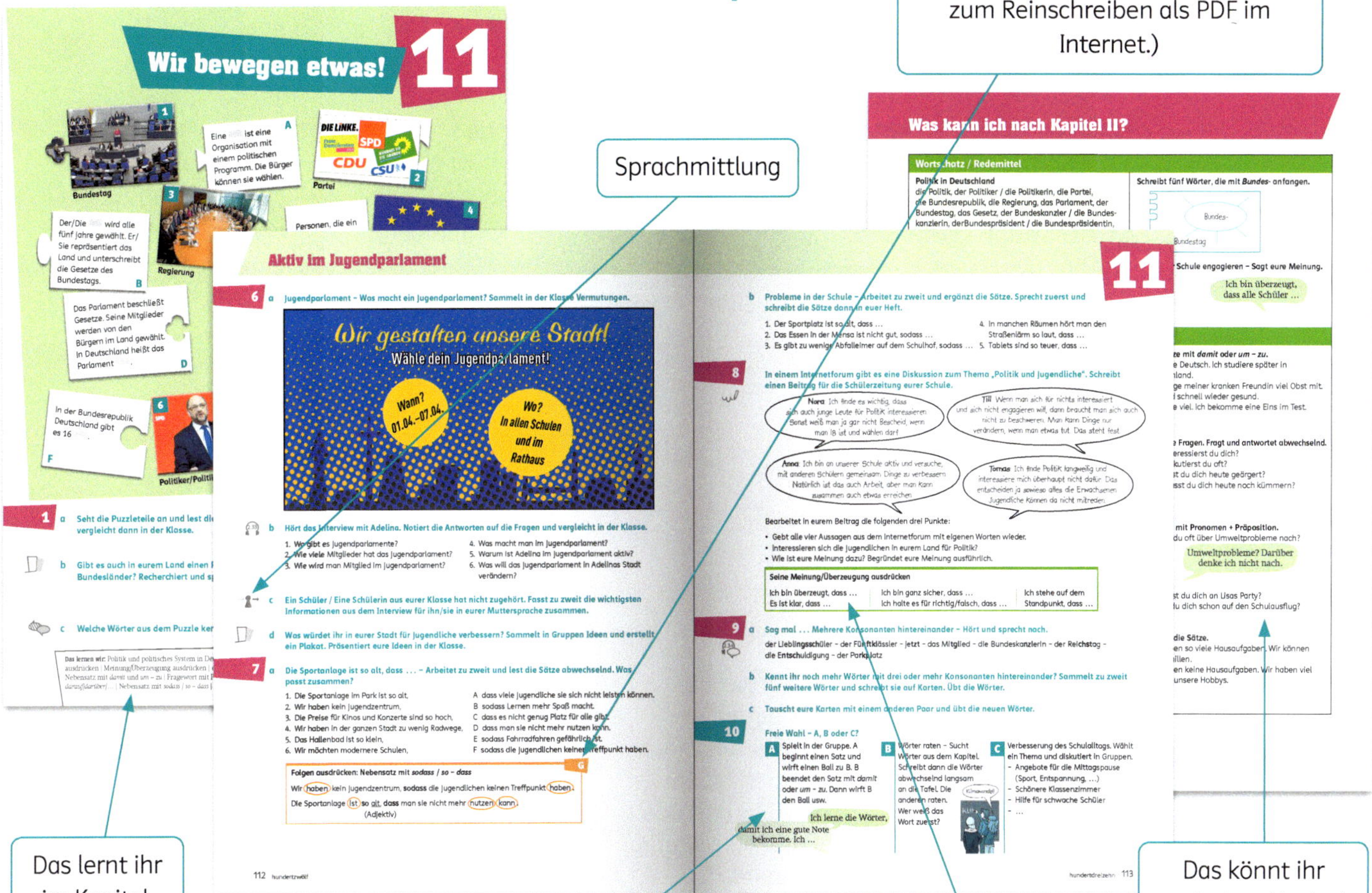

Grammatik (Alle Grammatiktabellen zum Reinschreiben als PDF im Internet.)

Sprachmittlung

Das lernt ihr im Kapitel.

Ihr könnt eine Aufgabe auswählen.

Redemittel

Das könnt ihr nach dem Kapitel. Ihr kontrolliert und übt zu zweit.

2 Plateaus zum Wiederholen und Trainieren

Spielen, Sprechen, Trainieren und Sprachvermittlung

Landeskunde

Aufgaben zum Film

Symbole im Kursbuch

- Ihr hört einen Text oder Dialog.
- Aussprache – ihr hört und sprecht nach.
- Ihr vergleicht Deutsch mit eurer Sprache oder anderen Sprachen.
- Ihr schreibt einen Text.
- Projektaufgabe
- Ihr seht ein Video mit Redemitteln.
- Ihr seht einen Grammatikclip.
- Ihr seht einen Film.
- CLIL – im Lehrerhandbuch gibt es Kopiervorlagen zum fächerübergreifenden Lernen.
- Ihr gebt Informationen in eurer Muttersprache oder in Deutsch weiter.

Inhalt

7 Schule und mehr — 7

Das deutsche Schulsystem – Innerhalb meiner Schulzeit – Im Notenstress – Schule und dann???

Kommunikation: Ich kann …
- Witze und Cartoons über Schule verstehen
- ein Forum über das Schulsystem verstehen
- eine Radiosendung über Fremdsprachen verstehen
- Lerntipps geben
- gemeinsam etwas planen
- eine Grafik beschreiben
- eine Umfrage verstehen
- Vermutungen äußern
- über Zukunftspläne schreiben

Wortschatz
- Schulsystem
- Abschlüsse
- Schulnoten
- Zukunftspläne

Grammatik
- *innerhalb, außerhalb, während* + Genitiv
- Futur I

Aussprache
- schwaches *e*

Lernen lernen
- vor dem Hören Vorwissen zum Thema aktivieren

8 Das ist Geschichte — 15

Berlin, Berlin – Meine Geschichte(n)… – Geschichten erzählen

Kommunikation: Ich kann …
- über Orte sprechen
- über Vergangenes sprechen
- zeitliche Abfolgen beschreiben
- eine Geschichte erzählen

Wortschatz
- Daten und Fakten in der Geschichte
- BRD und DDR
- Sehenswürdigkeiten

Grammatik
- (WH) Präteritum
- Relativsatz mit *wo* und *was*
- Plusquamperfekt
- Nebensatz mit *nachdem, bevor* und *während*

Aussprache
- mit Nachdruck sprechen

Lernen lernen
- sich mit eigenen Beispielen neue Strukturen merken

9 Rund ums Geld — 23

Tauschen wir? – Wie wird das gemacht? – Das Geldquiz – Das blöde Ding! – Ich habe noch Garantie

Kommunikation: Ich kann …
- Zeitungstexte verstehen
- jemanden überzeugen
- Vorgänge beschreiben
- Alternativen vorschlagen
- etwas reklamieren

Wortschatz
- Geld
- Bank
- Reklamation

Grammatik
- *nicht/kein/nur* + *brauchen* + *zu* + Infinitiv
- Modalpartikeln
- Passiv Präsens und Präteritum
- Sätze mit *(an)statt – zu*

Aussprache
- Modalpartikeln

Lernen lernen
- Dialogmodelle für eigene Dialoge nutzen

P3 Plateau 3 — 31

Karussell

Training: Wer ist das denn? – Wie wird es sein? – So ein Quatsch! – Kim auf Klassenfahrt – Passivsätze erweitern – Wo bist du? – Sprachmittlung – Kapitelmeister 7-9

Landeskunde: Traditionen in DACH – Film: Das Sportcamp

10 Jede Menge Arbeit 37

Erst mal ein Praktikum … – entweder – oder – Ich interessiere mich für … – Das muss erledigt werden! – Seit(dem) …

Kommunikation: Ich kann …
- einen Text über Vorteile von Praktika verstehen
- Vorteile und Gründe nennen
- Vermutungen äußern
- Zweifel äußern
- Anzeigen verstehen
- eine Bewerbung schreiben

Wortschatz
- Berufe
- Eigenschaften für den Beruf
- Praktikum
- Bewerbung

Grammatik
- Doppelkonnektoren: *sowohl - als auch, entweder - oder, weder - noch, nicht nur - sondern auch*
- *n*-Deklination
- Passiv mit Modalverb
- Nebensatz mit *(seit)dem*

Aussprache
- Vokale am Wort- oder Silbenanfang

Lernen lernen
- Inhaltspunkte sortieren als Vorbereitung zum Schreiben

11 Wir bewegen etwas! 45

Ich engagiere mich, damit … – Florian wollte …, um … – Wofür interessierst du dich? – Aktiv im Jugendparlament

Kommunikation: Ich kann …
- Informationen über Politik und das politische System in Deutschland verstehen
- Ziele ausdrücken
- ein Interview verstehen
- Folgen ausdrücken
- eine Meinung oder Überzeugung ausdrücken
- einen Beitrag für die Schülerzeitung schreiben

Wortschatz
- Politik
- Eigenschaften und Aufgaben von Klassensprechern
- Engagement
- Jugendparlament

Grammatik
- Nebensatz mit *damit* und *um - zu*
- Fragewörter mit Präposition *worauf/worüber/…?*
- Pronomen mit Präposition *darauf/darüber/…*
- Nebensatz mit *sodass* / *so - dass*

Aussprache
- mehrere Konsonanten hintereinander

Lernen lernen
- mit W-Fragen wichtige Informationen in einem Text verstehen

12 Ist das Kunst oder …? 53

Sieh mal … – Es sieht so aus, als ob … – Lust auf Lesen? – Die Kunstwoche

Kommunikation: Ich kann …
- über Kunst sprechen
- über Bilder sprechen
- über einen literarischen Text sprechen
- einen literarischen Text verstehen
- eine Schulumfrage verstehen

Wortschatz
- Kunstformen
- Bildbeschreibung
- Lesen und Literatur
- Kunstprojekte
- im Schultheater

Grammatik
- irreale Vergleichssätze mit *als ob* + Konjunktiv II
- Doppelkonnektoren: Vergleiche mit *je - desto/umso*
- Einschränkungen mit *zwar - aber*
- *lassen* + Infinitiv

Aussprache
- Satzmelodie bei *zwar - aber, je - desto/umso*

Lernen lernen
- sich neuen Wortschatz durch Bilder und das Wörterbuch erschließen
- sich einen literarischen Text mit W-Fragen erschließen

P4 Plateau 4 61

Karussell

Training: Eigenschaften für die Arbeitswelt – Was passt zusammen? – Was muss hier gemacht werden? – Drei Personen malen ein Bild – Wozu? – Was ist los? – Sprachmittlung – Kapitelmeister: Rallye durch Klasse!

Landeskunde: Ein Porträt über Elisabeth Etz – Film: Das Praktikum

Grammatik im Überblick	67	Quellen	77
Unregelmäßige Verben	74	Karte von Deutschland, Österreich und Schweiz	Umschlag vorne
Auflösung zu Kapitel 9	77		

7 Schule und mehr

A

Warum habe ich denn eine Sechs?

Schüler

Weil ich keine Sieben geben darf.

Lehrer

B

C

D

E

Was ist der Komparativ von leer?

Lehrer

Lehrer.

Schüler

F

G

Wörter mit un- bedeuten etwas Negatives oder Schlechtes wie unglücklich oder unangenehm. Kennt ihr noch andere Beispiele?

Lehrer

Unterricht.

Schüler

1

a **Schule ist lustig – Lest die Witze und Cartoons. Versteht ihr alles? Was findet ihr am witzigsten?**

b **Worüber lacht man in den Witzen und Cartoons?**

In F lacht man über das digitale Lehrbuch, weil es …

c **Wählt einen Witz oder Cartoon aus 1a und erklärt ihn in eurer Sprache.**

d **Kennt ihr auch einen Witz? Erzählt ihn.**

e **Was findet ihr an Schule gut? Was nervt, langweilt oder stresst euch? Sprecht in Gruppen.**

Das lernen wir: Witze und Cartoons über Schule verstehen | Forum über das Schulsystem verstehen | Radiosendung über Fremdsprachen verstehen | Lerntipps geben | gemeinsam etwas planen | eine Grafik beschreiben | eine Umfrage verstehen | Vermutungen äußern | über Zukunftspläne schreiben | **Grammatik:** *innerhalb, außerhalb, während* + Genitiv | Futur I | **Aussprache:** schwaches *e*

Das deutsche Schulsystem

2 **a** **Umzug nach Deutschland – Lest den Beitrag von Amy. Was wisst ihr schon über Schule in Deutschland? Zu welchen Fragen von Amy habt ihr schon Informationen? Sammelt in Gruppen.**

> Amy 12. Mai, 14:01 Uhr
>
> Hallo, ich ziehe bald nach Deutschland, aber über das Schulsystem weiß ich nicht viel. Welche Schulen gibt es? Welchen Schulabschluss macht ihr? Was macht ihr nach der Schule? Erzählt mal!

b **Lest die Antworten von Schülern aus Deutschland. Auf welche Schulen gehen Maxi, Toto und Benny? Welche Abschlüsse wollen sie machen? Was wollen sie nach der Schule machen?**

> maxi 12. Mai, 17:31 Uhr
>
> Das Schulsystem ist in Deutschland nicht einheitlich, aber in allen Bundesländern kann man die gleichen Abschlüsse machen. Bei mir ist es so:
> Ich bin mit sechs Jahren in die Grundschule gekommen. Die Grundschule dauert fast überall in Deutschland vier Jahre. Jetzt bin ich auf der Realschule. Ich gehe in die 10. Klasse und mache im Sommer die Mittlere Reife. Wenn meine Noten ausreichen, darf ich danach auf das Gymnasium wechseln. Oder ich mache eine Ausbildung zur Fachinformatikerin.

> Toto 12. Mai, 21:05 Uhr
>
> Nach der Grundschule habe ich eine Empfehlung für die Hauptschule bekommen, weil meine Noten nicht so gut waren. Aber dann sind wir umgezogen und nun gehe ich auf die Gesamtschule, denn hier im Saarland gibt es keine Hauptschulen. Auf der Gesamtschule kann man alle Schulabschlüsse machen. Den Hauptschulabschluss habe ich letztes Jahr gemacht. Dieses Jahr versuche ich, den Realschulabschluss zu schaffen. Dann habe ich die Mittlere Reife. Danach will ich voraussichtlich eine Lehre als Mechaniker machen. Das heißt, dass ich an drei Tagen als Lehrling in einer Firma arbeite und zwei Tage zur Berufsschule gehe.

> Benny 13. Mai, 11:55 Uhr
>
> Ich hatte in der Grundschule sehr gute Noten und konnte danach auf das Gymnasium gehen. Jetzt bin ich in der 12. Klasse und mache nächstes Jahr das Abitur. Mit dem Abitur kann man an einer Universität oder Fachhochschule studieren. Oder man macht eine Ausbildung. Ich möchte gern Medizin studieren oder Anwalt werden. Gute Noten sind dafür eine Voraussetzung.

c **Seht die Abbildung an und ergänzt die Lücken. Die Forumstexte in 2b helfen.**

Die Hauptschule heißt in einigen Bundesländern Mittelschule. In wenigen Bundesländern geht die Grundschule bis zur 6. Klasse.

✦ Grundschule ✦ Gesamtschule ✦ Abitur ✦ ✦ Universität ✦ Mittlere Reife ✦ 5.–10. Klasse ✦

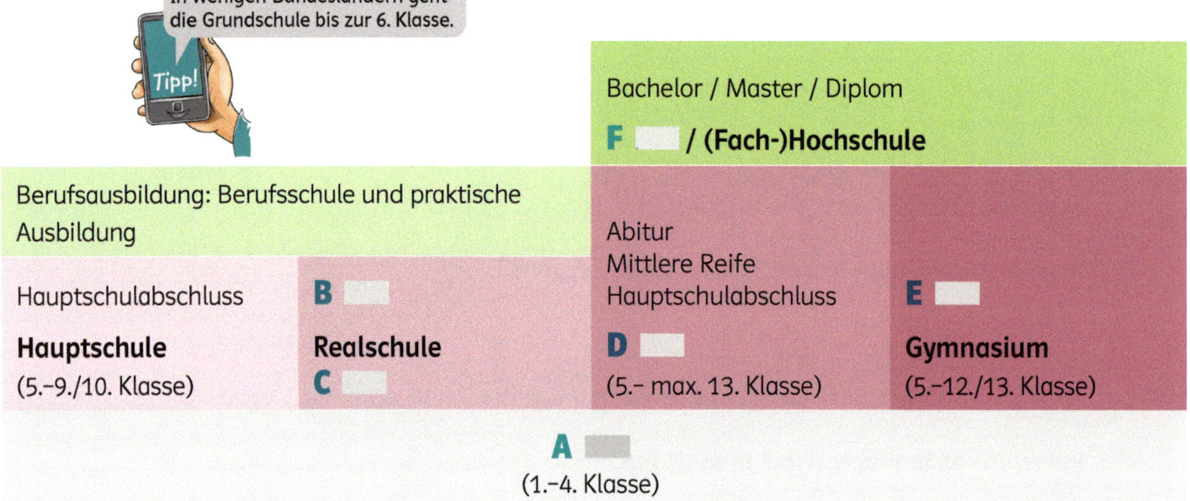

d **Ein Schüler aus Deutschland zieht bald in euer Land und stellt die gleichen Fragen wie Amy. Schreibt einen Forumsbeitrag wie in 2b und beantwortet die Fragen.**

3

a Sprachen in der Schule – Lest die Fragen. Was könnten die richtigen Antworten sein? Vermutet und sprecht in der Klasse.

1. Welche Fremdsprache lernen die meisten Schülerinnen und Schüler in Deutschland zuerst?
2. Wann lernt man in Deutschland die erste Fremdsprache, wann die zweite?
3. Welche Fremdsprachen sind besonders beliebt?
4. Welche Sprache wollen in Zukunft wahrscheinlich mehr Schülerinnen und Schüler lernen?
5. Was ist wichtig bei der Wahl der Fremdsprache?

Ich glaube, man lernt in Deutschland zuerst ...

Ja, bestimmt.

Tipp! Das Thema der Radiosendung hilft euch, Ideen zum Inhalt zu sammeln. So wird das Verstehen leichter.

2.02 **b Hört nun die Radiosendung zum Thema „Sprachen in der Schule“. Was antwortet Herr Schlüter auf die Fragen in 3a? Macht Notizen und vergleicht mit euren Antworten.**

2.03 **c Hört die Sätze aus der Radiosendung. *Innerhalb* oder *außerhalb*? Was hört ihr? Notiert.**

1. ___ des Klassenraums haben die meisten aber wenig Kontakt zur chinesischen Sprache.
2. Deshalb ist es wichtig, dass man die Sprache auch ___ der Schule benutzen kann.
3. Sie sollten die Sprache nicht nur ___ des Klassenraums sprechen.
4. Heutzutage werden ___ einer Klasse viele verschiedene Muttersprachen gesprochen.

G

***innerhalb*, *außerhalb* + Genitiv**

innerhalb des Klassenraums
innerhalb eines Bundeslandes
außerhalb der Schule
außerhalb der Klassenräume
! außerhalb Deutschlands/Belgiens

2.04 **d Lest und ergänzt die Tipps. *Innerhalb* oder *außerhalb*? Notiert. Hört dann die Radiosendung weiter und kontrolliert eure Lösung.**

1. innerhalb der Unterrichtszeit

1. Man sollte ___ (die Unterrichtszeit) so viel wie möglich mit den anderen in der Fremdsprache sprechen.
2. Auch ___ (der Unterricht) sollte man möglichst oft in der Fremdsprache lesen, Lieder hören oder Filme schauen.
3. ___ (ein Tag) sollte man nicht mehr als 10 bis 15 neue Wörter lernen.
4. Wenn man die Möglichkeit hat, sollte man ___ (die Schulzeit) eine Sprachreise oder Urlaub in dem Land machen.

Tipp! *Innerhalb* und *außerhalb* können einen Ort (*außerhalb der Schule*) und einen Zeitraum (*innerhalb eines Tages*) beschreiben.

4

a Sag mal ... schwaches e – Hört und sprecht nach.

2.05

die Schul**e** – die Reis**e** – die Schulnot**e** – die Klass**e** – die Fremdsprach**e** – die Mittl**e**re Reif**e** – notier**e**n – b**e**ginn**e**n – schau**e**n – hör**e**n – g**e**komm**e**n – ein**e** – welch**e** – lang**e**

2.06 **b Wo spricht man ein schwaches *e*? Sprecht zu zweit. Hört dann zur Kontrolle und sprecht nach.**

1. Ich mache die Mittlere Reife. 2. Welche Sprache lernen Silke und Helene? 3. Ich habe eine schlechte Note in Mathe. 4. In welcher Klasse beginnt man mit einer Fremdsprache? 5. Ich habe meine Hefte heute nicht benutzt. 6. Hat dir die lange Reise gefallen?

Im Notenstress

5

a Seht das Foto an. Was ist mit Ole los? Vermutet.

Ich glaube, Ole hat …

Vielleicht muss er …

2.07 **b Hört das Gespräch von Ole und Florian und beantwortet die Fragen.**

1. Was ist Oles Problem?
2. Welche Note hatte Ole im Zeugnis und welche Note braucht er in der Klassenarbeit?
3. Was sagen die Eltern?
4. Warum hat er Angst?
5. Was will Florian machen?

Ole hat schlechte Noten in …

c Vergleicht die Noten in Deutschland mit den Noten bei euch. Muss man in eurem Land die Klasse wiederholen, wenn man sehr schlechte Noten hat?

Bei uns ist … eine gute Note.

Wenn man … im Zeugnis hat, …

Wir haben keine … wie in Deutschland.

Noten in Deutschland:
1 = sehr gut
2 = gut
3 = befriedigend
4 = ausreichend
5 = mangelhaft
6 = ungenügend

6

a Erfolgreich lernen – Lest den Artikel. Welche Überschrift passt zu welchem Tipp (1 bis 5)? Ordnet zu.

✦ A In der Zeit vor der Klassenarbeit ✦ B Während der Klassenarbeit ✦ C Während des Lernens ✦ D In den Pausen ✦ E Vor dem Lernen ✦

Keine Angst vor schlechten Schulnoten

Schule bedeutet immer wieder neue Herausforderungen und auch Stress und Druck, vor allem wenn der nächste Test, eine Klassenarbeit oder ein Referat anstehen. Geht es euch auch so? Diese Tipps können euch helfen, mit dem Schulstress bei einer Klassenarbeit richtig umzugehen:

1. Beginnt rechtzeitig mit der Vorbereitung, am besten ein oder zwei Wochen vor dem Termin. Informiert euch genau über die Themen und macht einen Zeitplan. Schreibt auf, was ihr wann lernen wollt, und lernt regelmäßig. Dann wird es nicht zu viel. Wartet auf jeden Fall nicht bis zum letzten Tag und plant während der Vorbereitungszeit kein anstrengendes Freizeitprogramm. So könnt ihr doppelten Stress vor einer Klassenarbeit vermeiden.

2. Die meisten Schülerinnen und Schüler können abends am besten lernen. Am Nachmittag nach der Schule braucht man zuerst ein bisschen Entspannung. Erholung ist gut, weil sie später eure Konzentration fördert. Es ist wichtig, dass ihr nicht erschöpft seid, wenn ihr lernen wollt. Ausgeruht und wach könnt ihr euch Dinge besser merken. Wann, wo und wie man am besten lernt, das ist individuell unterschiedlich und bei jedem anders.

3. Wenn ihr lernt, dann konzentriert euch in dieser Zeit voll auf das Thema. Comics, Essen auf dem Schreibtisch, Musik etc. stören euch. Bemüht euch, einen ruhigen Arbeitsplatz zu finden. Achtet auch auf helles Licht und frische Luft.

4. Pausen sind beim Lernen übrigens auch sehr wichtig. Spätestens nach 90 Minuten Lernzeit solltet ihr eine Pause machen und euch erholen. Während der Pause gibt es viele Möglichkeiten: Geht raus und macht einen Spaziergang an der frischen Luft, faulenzt ein bisschen, hört Musik oder macht Sport.

5. Es ist so weit. Der Tag der Klassenarbeit ist da. Jetzt bitte keine Panik. Wenn ihr Angst habt, könnt ihr euch nicht gut konzentrieren. Lest zuerst alle Aufgaben in Ruhe durch. Macht dann die Aufgaben, die leicht für euch sind. Danach versucht ihr, die schwierigen Aufgaben zu lösen. Lest und kontrolliert am Ende der Klassenarbeit noch einmal eure Antworten.

b **Wann sollte man was tun? Lest den Text noch einmal. Arbeitet zu zweit. Sammelt und formuliert Tipps für die verschiedenen Phasen.**

1. Während der Vorbereitung … 2. Während des Lernens …
3. Während der Pausen … 4. Während der Klassenarbeit …

> Während der Vorbereitung sollte man regelmäßig lernen.

> Während dieser Zeit …

G

***während* + Genitiv**

während des Tests / des Referats / der Schulzeit / der freien Tage

Während der Schulzeit hat man immer wieder Stress, zum Beispiel vor Klassenarbeiten.

c **Wie findet ihr die Lerntipps aus dem Artikel in 6a? Was hilft euch beim Lernen? Habt ihr selbst einen guten Tipp für Ole? Sprecht in Gruppen.**

> Ich denke, dass manche Tipps …

> Vielleicht sollte Ole …

7

a **Lust, aber keine Zeit – Lest den Chat zwischen Ole und Florian und beantwortet die Fragen 1 bis 4. Sprecht zu zweit.**

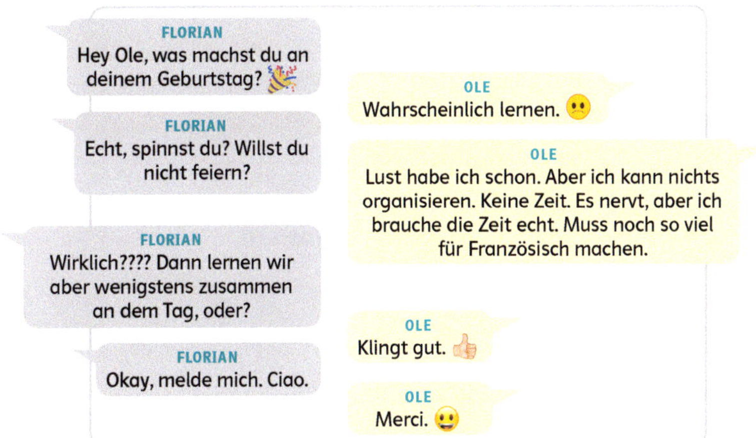

1. Was plant Ole an seinem Geburtstag?
2. Wie findet Florian Oles Pläne?
3. Was schlägt Florian vor?
4. Wie reagiert Ole auf den Vorschlag?

2.08

b **Eine Party für Ole – Hört das Gespräch. Macht Notizen und beantwortet die Fragen.**

1. Wann? am nächsten Freitag
2. Wo?
3. Wer kommt?
4. Essen und Getränke?
5. Geschenk?

c **Genug gelernt, jetzt feiern wir! – Plant zu zweit eine Klassenparty. Reagiert auf die Vorschläge eures Partners / eurer Partnerin und entscheidet gemeinsam, was ihr machen möchtet.**

Wann? – Wo? – Wen noch einladen (Eltern, Lehrer…)? – Essen, Getränke (mitbringen, kaufen, …)? – Programm (Musik, …)? – …

Gemeinsam etwas planen

etwas vorschlagen	reagieren / einen Gegenvorschlag machen		sich einigen
Wollen wir …?	Das geht nicht. / Ich kann nicht.	Wir könnten auch …	Meinetwegen.
Wir brauchen …	(Ich habe) keine Zeit/Lust.	Wenn du willst,	Einverstanden.
Wir könnten …	Besser nicht.	können wir auch …	Von mir aus.
Ich schlage vor, dass …	Verstehe.	Wir fragen …, ob …	Gute Idee! / Guter Einfall!
	Stimmt.		So machen wir es.
	Nein, das ist doch zu teuer/…		Du hast recht.

Schule und dann???

8 **a** **Entscheidet euch für eine Grafik. Welche Frage passt zu eurer Grafik? Ordnet zu.**

✦ Was ist dir bei der Entscheidung für einen Beruf am wichtigsten? ✦
Was möchtest du nach der Schule machen? ✦

Prozentzahlen sprechen:
24,67 % =
24 Komma sechs sieben Prozent

Tipp!

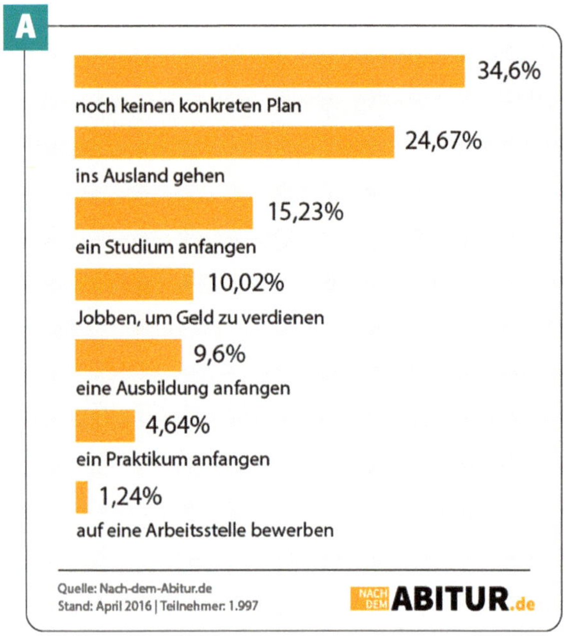

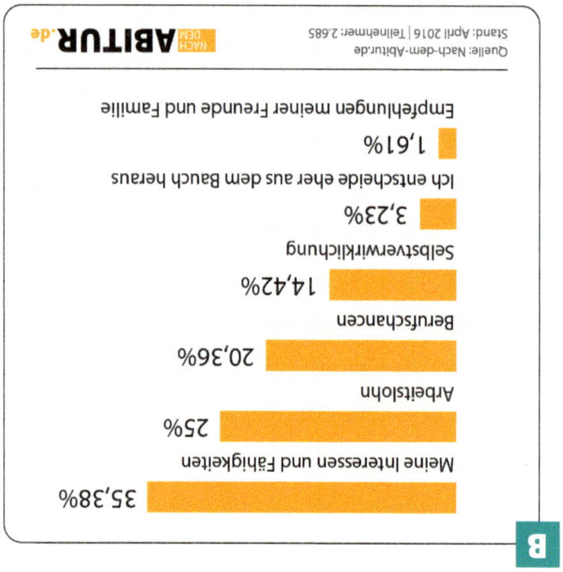

b **Arbeitet zu zweit. Jeder beschreibt seine Grafik. Macht zuerst Notizen.**

Über eine Grafik sprechen
Das Thema der Grafik ist … / In der Grafik geht es um die Frage, …
An erster Stelle steht … / Am wichtigsten ist …
Viele / Die meisten / Nur manche / Sehr wenige Jugendliche …
Die Mehrheit / Die Hälfte / Ein Drittel / Ein Viertel sagt, dass …
… Prozent der Jugendlichen finden/sagen, dass …

In Grafik A geht es um die Frage, was …

24,67 Prozent der Jugendlichen sagen, dass sie …

c **Erstellt in der Klasse eine eigene Statistik zu der Frage aus Grafik A. Vergleicht eure Ergebnisse mit denen in der Grafik. Was ist anders, was ist gleich?**

9 **a** **Hört die Radiosendung. Welche Pläne haben die Jugendlichen, was ist wichtig für sie? Ordnet zu.**

2.09

Mariella | Moritz | Natalie | Kai

Falls verwendet man wie *wenn*:
Wenn/Falls ich nicht studieren kann, mache ich eine Ausbildung.

Tipp!

1. Meine Freunde wissen schon, was sie nach der Schule machen werden. Ich nicht.
2. Nach der Schule möchte ich zuerst Praktika machen und Erfahrungen sammeln.
3. Bestimmt werde ich erst mal Pause machen und jobben und verreisen.
4. Meine Freundin und ich werden nach Frankreich gehen und als Au-pair arbeiten.
5. Ich weiß schon lange, dass ich Medizin studieren und später als Arzt arbeiten werde.
6. Ich will kein Studium anfangen, sondern einen Beruf erlernen.
7. Falls ich nicht gleich studieren kann, mache ich erst ein Praktikum.
8. Ich will auf jeden Fall nur in einem Job arbeiten, der mir wirklich Spaß macht, und werde mich vor der Ausbildung sehr gut informieren.
9. Das Einkommen ist wichtig für mich, ich will viel Geld verdienen.

Aussage 1 passt zu Mariella.

b **Lest die Aussagen in 9a noch einmal, sucht die Formen im Futur I und ergänzt den Grammatikkasten.**

G

Futur I

ich			
du	wirst		
er/es/sie	wird	+	Verb im
wir			
ihr	werdet		
sie/Sie			

Du wirst eine Ausbildung machen.

Ihr habt gesagt, dass ihr reisen werdet.

Wenn man über die Zukunft spricht, kann man auch das Präsens mit Zeitangaben in der Zukunft verwenden:

Nach der Schule machst du eine Ausbildung.

Ihr habt gesagt, dass ihr nach dem Abitur reist.

c **Sprecht über die Pläne der vier Jugendlichen.**

Mariella und ihre beste Freundin werden…

Moritz erzählt, dass …

Natalie wird …

d **Wie drückt man in eurer Sprache aus, dass etwas in der Zukunft passiert?**

R7

e **Geht durch die Klasse. Fragt euch gegenseitig und äußert Vermutungen.**

Wie wird das Wetter am Wochenende?

Es wird wahrscheinlich regnen.

Was macht David nächste Woche an seinem Geburtstag?

Er feiert sicher eine Party.

Vermutungen äußern
Ich glaube/denke …
Es wird wahrscheinlich/vielleicht/wohl/sicher/eventuell regnen.
Es regnet morgen wohl/sicher/…
Vielleicht/Wahrscheinlich …

f **Eure Pläne und Ideen für die Zeit nach der Schule – Schreibt einen kurzen Text. Verwendet auch das Futur I.**

*Ich mag Fremdsprachen, deshalb will ich nach der Schule zuerst …
Vielleicht werde ich auch … Danach …*

10 Freie Wahl – A, B oder C?

A Recherchiert im Internet und sucht Witze zum Thema Schule auf Deutsch. Übt sie und erzählt sie dann in der Klasse.

B Die Schule der Zukunft – Wie wird sich die Schule in der Zukunft verändern (Fächer, Medien, Noten, …)? Was denkt ihr? Überlegt zu zweit und schreibt einen kurzen Text.

Wir werden mehr Fremdsprachen lernen, weil …

C Ihr kennt bereits sehr viele Wörter zum Thema Schule. Erstellt eine Mindmap und ordnet euren Wortschatz nach Kategorien, zum Beispiel Fächer, Räume, Personen, Dinge … Notiert alle Nomen mit Artikel.

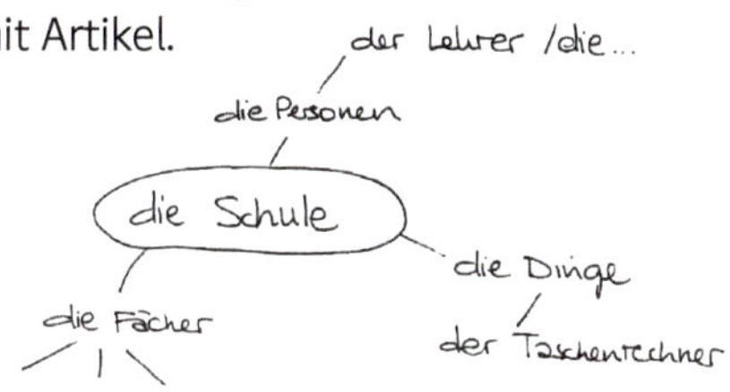

Was kann ich nach Kapitel 7?

Wortschatz / Redemittel

Schulsystem, Abschlüsse
die Grundschule, die Hauptschule / die Mittelschule, die Realschule, das Gymnasium, die Gesamtschule, die Berufsschule, die Ausbildung, die Universität, die (Fach-) Hochschule, der Hauptschulabschluss, die Mittlere Reife, das Abitur

Wie heißen die Schulen und Abschlüsse?
Ge _ a _ _ s _ _ _ l _ M _ _ _ l _ _ e R _ _ _ e
G _ _ n _ _ _ _ m A _ i _ _ r
B _ _ _ fs _ _ _ u _ _

Gemeinsam etwas planen
- ● Wir brauchen … / Ich schlage vor, dass …
- △ Das geht nicht. / (Ich habe) keine Zeit/Lust. / Besser nicht. Verstehe. / Stimmt.
- ● Wenn du willst, können wir auch …
- △ Einverstanden. / Meinetwegen. / Von mir aus. / Gute Idee! / Guter Einfall! / Du hast recht. / So machen wir es.

Reagiert auf die Vorschläge.

Ich schlage vor, dass wir ins Kino gehen.

Wir brauchen Essen und Getränke.

Wenn du willst, können wir auch Marc und Lisa einladen.

Eine Grafik beschreiben
Das Thema der Grafik ist … / In der Grafik geht es um die Frage, …
An erster Stelle steht …/ Am wichtigsten ist …
Viele / Die meisten / Nur manche / Sehr wenige Jugendliche …
Die Mehrheit / Die Hälfte / Ein Drittel / Ein Viertel sagt, dass …
… Prozent der Jugendlichen finden/sagen, dass …

Formuliert drei Sätze zur Grafik.

Vermutungen äußern
Ich glaube/denke …
Es wird wahrscheinlich/vielleicht/wohl/sicher/eventuell regnen.
Es regnet morgen wohl/sicher/….
Vielleicht/Wahrscheinlich …

Was passiert nächste Woche vielleicht? Äußert Vermutungen.

✦ Test schreiben ✦ Herr Timm wieder da sein ✦ keinen Sport haben ✦ … ✦

Nächste Woche werden wir wohl …

Grammatik

***innerhalb*, *außerhalb*, *während* + Genitiv**
innerhalb eines Tages
außerhalb des Gymnasiums
während der Schulzeit
während der Ferien

Welche Präposition passt? Wählt aus.
1. Wir haben innerhalb/außerhalb einer Woche vier Tests geschrieben.
2. Wir dürfen außerhalb/während des Unterrichts nur Französisch sprechen.
3. Auch außerhalb/innerhalb der Schule spreche ich viel Spanisch mit meiner Familie.

Futur I

Du wirst eine Ausbildung machen.

Ihr habt gesagt, dass ihr reisen werdet.

Formuliert die Sätze im Futur I.
1. Wir gehen bald auf die Berufsschule.
2. Er macht nächstes Jahr das Abitur.
3. Sie haben gesagt, dass sie nach der Schule ins Ausland gehen.

Das ist Geschichte 8

A Als erste Frau wurde Angela Merkel **2005** deutsche Bundeskanzlerin und blieb 16 Jahre lang an der Spitze der Regierung. Sitz der deutschen Regierung ist Berlin.

B **2010** gewann die damals 19-jährige Lena Meyer-Landrut den Eurovision Song Contest (ESC) mit dem Lied „Satellite“. Die Zuschauerinnen und Zuschauer waren begeistert von ihr.

C **2019** begannen auch in Deutschland viele Schülerinnen und Schüler am Freitag zu streiken und für Umweltschutz und gegen den globalen Klimawandel zu demonstrieren.

D Im Jahr **2006** fand die Fußballweltmeisterschaft in Deutschland statt. Die deutsche Mannschaft schaffte es nur auf den dritten Platz, aber die Fans feierten das Team als „Weltmeister der Herzen“. **2014** wurde Deutschland dann Weltmeister.

E **2015** kamen über eine Million Flüchtlinge nach Deutschland und wollten Asyl beantragen. Das war eine große Herausforderung. Viele Leute versuchten zu helfen und spendeten Kleidung oder gaben Sprachunterricht.

1

a **Arbeitet in Gruppen. Seht die Fotos an und beschreibt sie.**

b **Lest die Texte. Welcher Text passt zu welchem Foto? Ordnet zu.**

c **Von welchem Ereignis habt ihr schon gehört? Was war neu für euch? Sprecht zu zweit.**

d **Was ist im Jahr eurer Geburt passiert? Recherchiert ein Ereignis und stellt es kurz vor.**

Das lernen wir: über Orte sprechen | über Vergangenes sprechen | zeitliche Abfolgen beschreiben | eine Geschichte erzählen | **Grammatik:** (WH) Präteritum | Relativsätze mit *wo* und *was* | Plusquamperfekt | Nebensatz mit *nachdem, bevor* und *während* | **Aussprache:** mit Nachdruck sprechen

Berlin, Berlin

2 **a** **Was wisst ihr über Berlin? Sammelt in der Klasse.**

Berlin ist die Hauptstadt von Deutschland.

b **Lest den Text. Welche Textstelle passt zu welchem Foto? Ordnet zu. Was erfahrt ihr noch?**

1949

1961

September 1989

November 1990

Nach dem Zweiten Weltkrieg gab es zwei Teile von Deutschland: Die Bundesrepublik Deutschland im Westen und die DDR (Deutsche Demokratische Republik) im Osten. Auch Berlin war geteilt: Ein Teil gehörte zur Bundesrepublik, der andere Teil zur DDR. Die DDR war aber nicht demokratisch, die Menschen durften ihre Meinung nicht offen sagen oder die Regierung kritisieren und auch nicht frei wählen. Immer mehr Menschen verließen die DDR, weil sie lieber im Westen leben wollten. Die Zahl der Einwohner nahm ab, deshalb baute die Regierung der DDR eine Mauer durch Berlin und eine Grenze zur Bundesrepublik. Die DDR bewachte diese Grenze sehr stark. Viele Menschen, die in den Westen flüchten wollten, starben dort auf der Flucht. Im September 1989 begannen die Menschen in der DDR, für mehr Freiheit zu demonstrieren. Jede Woche gab es mehr Demonstrationen mit immer mehr Menschen. Sie gaben nicht auf und am 9. November 1989 fiel die Mauer. Ein Jahr später, am 3. Oktober 1990, feierten die beiden deutschen Staaten die Wiedervereinigung. Seit diesem Tag gibt es wieder ein Land, die Bundesrepublik Deutschland. Und der 3. Oktober ist jetzt der Nationalfeiertag.

WH G

Das wisst ihr schon!

Präteritum: regelmäßige Verben

bauen: ich bau**te**, du bau**test**, er/es/sie bau**te**, wir bau**ten**, ihr bau**tet**, sie/Sie bau**ten**

Präteritum: unregelmäßige Verben

beginnen: ich begann, du begann**st**, er/es/sie begann, wir begann**en**, ihr begann**t**, sie/Sie begann**en**

geben – er/es/sie gab
verlassen – er/es/sie verließ
sterben – er/es/sie starb
fallen – er/es/sie fiel

3 **a** **Die Klasse 9b ist auf Klassenfahrt in Berlin und macht eine Stadtrundfahrt. In welcher Reihenfolge spricht der Reiseführer über die Orte? Hört und notiert.**

2.10

A

der Potsdamer Platz

B

der Alexanderplatz

C

der Reichstag

D

die East Side Gallery

E

das Brandenburger Tor

F

der Ku'damm

2.10 **b Hört noch einmal. Was passt zusammen? Ordnet zu.**

1. Die Tour beginnt am Potsdamer Platz,
2. Dann fährt der Bus zum Reichstag,
3. Der nächste Stopp ist am Pariser Platz,
4. Dann kommt der Alexanderplatz,
5. Der Bus fährt danach zur East Side Gallery,
6. Die Klasse fährt dann zum Ku'damm,

A wo man noch die Mauer sehen kann.
B wo das Brandenburger Tor steht.
C wo es viele moderne Gebäude gibt.
D wo man die Gedächtniskirche sieht.
E wo das Parlament sitzt.
F wo man vom Fernsehturm die Aussicht über Berlin genießen kann.

c Was können Touristen in eurer Stadt besichtigen? Welche Orte gefallen euch besonders gut? Sprecht zuerst und schreibt dann fünf Relativsätze mit *wo*.

Es gibt ein Denkmal, wo ...
Im Zentrum ist ein Museum, wo ...
Touristen müssen den Turm sehen, wo ...
Besonders schön ist die Altstadt, wo ...
Ich mag besonders ..., wo ...

G Relativsatz mit *wo*

Wenn man über Orte spricht, kann man das Relativpronomen *wo* verwenden.

Berlin ist eine Stadt, **wo** man viel erleben kann.

4 a Was? Wo? – Lest den Grammatikkasten und die Kommentare der Jugendlichen. Was passt? Das Relativpronomen *was* oder *wo*? Ergänzt.

G Relativsatz mit *was*

Nach den Wörtern *alles, etwas, nichts* verwendet man das Relativpronomen *was*.

Mir hat alles gefallen, **was** ich gesehen habe.

b Sprecht zu zweit und ergänzt die Sätze.

1. ___ ist etwas, was mich (nicht) interessiert.
2. ___ ist ein Ort, wo ich mich wohlfühle.
3. Unsere Schule ist ein Ort, wo ___.
4. ___ ist etwas, was ich gelernt habe.

Geschichte ist etwas, was mich interessiert.

Meine Geschichte(n) ...

5 **a** **Eine Zeitschrift hat ihre Leserinnen und Leser gebeten, zum Thema „Meine Geschichte“ eigene Fotos und Geschichten zu senden. Arbeitet zu viert und lest zuerst die Begriffe. Jeder erklärt drei Begriffe. Das Wörterbuch hilft. Lest dann die Geschichten und ordnet die Begriffe zu.**

✦ der Umweltschutz ✦ die Selbstständigkeit ✦ die Einsamkeit ✦ der Ehrgeiz ✦ die Laufbahn ✦ die Verantwortung ✦ das Vorbild ✦ die Partnerschaft ✦ der Protest ✦ die Erfindung ✦ die Reiselust ✦ die Neugierde ✦

Auf dem Foto bin ich 18 Jahre alt, also gerade erwachsen geworden. Ein paar Tage vorher hatte ich meinen Führerschein bekommen und ich hatte einen Plan: Ich wollte allein in meinem alten Bus eine große Tour durch Österreich und alle Nachbarländer machen. Nach meinem Geburtstag am 27.06.2014 bin ich losgefahren. Zuerst fand ich es toll, allein zu fahren. Ich konnte laut Musik hören und alles selbst entscheiden. Aber in Slowenien hatte ich keine Lust mehr. Vorher war ich schon in die Schweiz, nach Liechtenstein und nach Italien gefahren. Aber überall war ich allein, ich bin ziemlich schüchtern und lerne nicht so schnell Leute kennen. Und allein war es viel langweiliger, als ich vorher gedacht hatte. Also habe ich nach fünf Tagen meine Pläne geändert und bin wieder nach Hause gefahren. Das war eine Enttäuschung. Jetzt plane ich meine großen und kleinen Abenteuer viel besser, bevor ich mit Freunden oder Bekannten losfahre. (Johann Mosmayer, Landeck)

Damals gab es für mich nur ein Thema: Tennis, Tennis, Tennis. Meine Eltern hatten sich gerade getrennt und für mich waren die Trennung und die Scheidung sehr schwierig. Deshalb habe ich mich nur noch um meinen Sport gekümmert. Ich war ein großer Fan von Angelique Kerber. Ich glaube, 2011 habe ich sie das erste Mal im Fernsehen gesehen. Das war ein Halbfinale und ich fand es super spannend. Danach wollte ich so gut spielen wie sie und ging an vier Tagen in der Woche zum Training. Ich habe mich wirklich angestrengt und mir viel Mühe gegeben. Vorher hatte ich auch regelmäßig trainiert, aber nicht so oft. Ich habe auch immer mehr Turniere gespielt und hatte viele Erfolge. Aber dann bin ich gestürzt und hatte eine schlimme Verletzung. Danach durfte ich nicht mehr so intensiv Tennis spielen. Das war leider das Ende meiner Tennis-Karriere. Aber sonst habe ich sehr gute Erinnerungen an diese Zeit. Heute bin ich für die Jugendarbeit in meinem Verein verantwortlich und trainiere dort auch regelmäßig die jungen Nachwuchs-Talente. (Carin Kamp, Aachen)

Das Foto ist von einer Demonstration gegen Atomkraft. Das war im März 2011. Vorher hatten sich die Katastrophen in Japan ereignet und ich hatte die schrecklichen Berichte von Fukushima im Fernsehen gesehen. Was dort geschehen war, fand ich furchtbar. Das war ein Schock. Ich war der Meinung, dass man etwas tun muss, deshalb bin ich zu vielen Demonstrationen gegangen und habe gegen Atomkraft protestiert. Heute studiere ich Biologie. Ich bin beinahe fertig mit dem Studium und arbeite nebenbei bei einer Umwelt-Organisation. Und ich unterstütze die Kinder und Jugendlichen bei „Fridays for future“ in ihrem Kampf gegen Umweltverschmutzung. Die Politik muss endlich mehr machen. Wir haben nur eine Welt. (Gina Paulsen, Rostock)

Das ist mein Foto aus dem Jahr 2012. Ich, gerade mal 15, und mein erster Laptop. Vorher hatte ich ab und zu am PC von meinem Vater gesurft. Aber jetzt konnte ich immer und überall ins Internet. Ich entdeckte jeden Tag etwas Neues im Netz und wollte so viel wissen. Damals wohnten wir in Berlin, einer tollen Stadt. Aber ich saß immer vor dem Bildschirm und lebte monatelang nur in meiner Internet-Welt. Doch mit 16 veränderte sich viel. Ich war verliebt. Das erste Mal traf ich Nora im August 2013. Zwei Wochen vorher hatte ich sie beim Chatten kennengelernt. Und sie kam aus … Berlin! Im Augenblick studieren Nora und ich im vierten Semester Informatik in Genf. Und nächstes Jahr wollen wir hier heiraten. In Genf hat man 1989 auch das Internet entwickelt. Das passt doch ideal zu uns, oder? (Jan Heuer, Genf)

b **Jeder wählt eine Person und liest den Artikel noch einmal. Berichtet euch gegenseitig: Was haben die Personen damals gemacht? Was machen sie heute? Die anderen machen Notizen: Wann? Wo? Was?**

> Gina Paulsen war 2011 auf einer …

6

a **Damals und heute – Die Zeiten. Lest und ergänzt die Sätze. Die Texte in 5a helfen.**

Vergangenheit / Vorvergangenheit

G

Perfekt	Nach meinem Geburtstag **bin** ich ___ .	Nach fünf Tagen ___ ich meine Pläne ___ .
und Präteritum	Ich **wollte** allein eine große Tour **machen**.	Ich ___ keine Lust mehr.
Plusquamperfekt	Vorher ___ ich meinen Führerschein ___ .	Vorher ___ ich in die Schweiz **gefahren**.

b **Sammelt an der Tafel weitere Sätze im Plusquamperfekt aus den Texten und ergänzt die Regel.**

G

Plusquamperfekt
Das Plusquamperfekt benutzt man, wenn man über etwas aus der Vergangenheit berichtet, das vor einem anderen Ereignis in der Vergangenheit liegt.

So bildet man das Plusquamperfekt:
haben/sein im ___ + ___ II
(hatte gekauft, war gelaufen, …)

c **Spielt zu viert. Schreibt Aussagesätze im Präteritum auf Karten. A zieht eine Karte und liest vor, B ergänzt im Plusquamperfekt, was vorher passiert ist. Dann zieht B eine neue Karte.**

> Wir kamen zu spät zur Schule.

Wir kamen zu spät zur Schule.

> Wir hatten den Bus verpasst.

Eigene Beispiele helfen, sich neue Strukturen zu merken.

d **Vergangenheitsformen in euren Sprachen – Wie viele und welche Formen gibt es? Sammelt und sprecht in der Klasse.**

e **Und eure Geschichte(n)? Bringt ein Foto mit und schreibt einen Text wie in 5a. Was ist damals passiert? Was habt ihr mit 11, 12, 13 … Jahren erlebt?**

Geschichten erzählen

7 a **Wie war's in Berlin? – Seht zuerst die beiden Comics an. Ergänzt die Satzanfänge 1 bis 6 und ordnet die Sätze den Bildern zu.**

Henri

1 B: Jenny Bild A

Jenny

1. Bevor ich zur Party gegangen bin, …
2. Juan und ich haben uns lange angesehen, …
3. Während der Friseur mit mir geredet hat, …
4. Nachdem ich wieder kein Wort verstanden hatte, …
5. Ich hatte richtig gute Laune, …
6. Nachdem ich mich im Spiegel gesehen hatte, …

A habe ich meine Idee immer noch super gefunden.
B habe ich viele Outfits probiert.
C bevor ich beim Friseur war.
D während Marie mit mir gesprochen hat.
E war ich schockiert.
F fand ich die Situation total peinlich.

2.11 **b** **Hört die Geschichten von Henri und Jenny und kontrolliert eure Lösungen.**

G8 **c** **Was passt? Ergänzt die Sätze 1 bis 5 mit *nachdem*, *während* oder *bevor*. Der Kasten hilft.**

G

Temporale Nebensätze mit *nachdem*, *während* und *bevor*

Ereignisse in Hauptsatz und Nebensatz nicht gleichzeitig:

Bevor ich die neue Frisur gesehen habe, war ich noch begeistert.

Nachdem ich die neue Frisur gesehen hatte, brauchte ich eine Mütze.

Nebensatz mit *nachdem* im Plusquamperfekt → Hauptsatz im Präteritum.

Nachdem ich lange geschlafen habe, fühle ich mich besser.

Nebensatz mit *nachdem* im Perfekt → Hauptsatz im Präsens.

Ereignisse in Hauptsatz und Nebensatz gleichzeitig:

Während ich beim Friseur gesessen habe, ist Kim in die Stadt gegangen.

1. Ich habe viele Outfits probiert, ___ ich mich für ein Kleid entschieden habe.
2. Ich habe Juan entdeckt, ___ ich mit Marie geredet habe.
3. Ich war sehr nervös, ___ ich Juan gesehen hatte.
4. ___ Marie weiter erzählt hat, habe ich spanische Sätze überlegt.
5. ___ ich Juan nicht verstanden hatte, wollte ich lieber gehen.

2.11 **d** **Arbeitet zu zweit. Wählt eine Geschichte aus 7a, hört noch einmal und notiert weitere Informationen zu eurer Geschichte. Erzählt dann einem anderen Paar eure Geschichte in eigenen Worten.**

> Die Klasse von Kim ist nach Berlin gefahren. Nachdem die Klasse an einem Nachmittag frei bekommen hatte, waren Kim und …

e **Lest die Satzanfänge und ergänzt. Sprecht abwechselnd zu zweit. Schreibt dann die Sätze ins Heft.**

1. Bevor ich mit meiner Familie einen Ausflug gemacht habe, …
2. Nachdem wir angekommen waren, …
3. Während wir am Meer waren, …
4. Nachdem es drei Tage nur geregnet hatte, …
5. Während wir in Berlin waren, …
6. Bevor wir wieder nach Hause gefahren sind, …

8

Eine Geschichte erzählen – Arbeitet in Gruppen. Wählt ein Thema und überlegt euch eine eigene Geschichte wie in 7a. Was ist passiert (*be*)*vor*, *während*, *nach* …? Macht auch Fotos zu eurer Geschichte und erzählt sie in der Klasse.

✦ auf der Klassenfahrt ✦ in den Ferien ✦ bei der Party ✦ in der Stadt ✦ im Schwimmbad ✦ beim Praktikum ✦ beim Sport ✦ … ✦

9

a **Sag mal … Mit Nachdruck sprechen – Hört und lest die Sätze. Welche Informationen sind besonders betont?**

2.12

1
- ● Hey, warst du beim Friseur?
- ○ Ja, aber da gehe ich nie wieder hin. Nie wieder!

2
- ● Wie war die Tour in Berlin?
- ○ Ich fand es interessant. Sogar sehr interessant.

3
- ● Was ist 2015 in Deutschland passiert?
- ○ 2015? Keine Ahnung. Wirklich nicht!

4
- ● 40 Jahre war Deutschland geteilt. 40 Jahre!
- ○ Das habe ich nicht gewusst.

2.13 **b** **Hört noch einmal und sprecht zu zweit nach. Achtet auf die Betonung.**

10

Freie Wahl – A, B oder C?

A Schreibt eine kurze Geschichte zum Thema „Ein Tag in meinem Leben". Was passiert wann? Schreibt Sätze mit *bevor*, *während* und *nachdem*.

> Bevor ich in die Schule gehe, …

B Wählt drei Ereignisse von Seite 77. Recherchiert noch zwei weitere Informationen zu diesen Ereignissen und berichtet in der Klasse.

C Orte, die euch gefallen – Wählt Orte aus eurer Stadt oder aus dem Urlaub aus. Erstellt eine Foto-Collage und beschreibt die Orte.

> Das ist der Platz, wo …

> Das ist das Haus, wo …

Was kann ich nach Kapitel 8?

Wortschatz / Redemittel

Über Orte sprechen
Es gibt einen Park, wo …
Im Zentrum ist ein Museum, wo …
Touristen müssen … sehen, wo …
Besonders schön ist die Altstadt, wo …

Sprecht über Städte, die ihr kennt.

Ich mag …, wo man … machen kann.

Über Vergangenes sprechen
Zuerst hat Kim ….
Dann ist sie zum Bus ….
Aber der Bus ist …, **bevor** Kim an der Haltestelle ….
Dann ist sie zu Fuß …
Während sie …, hat sie ihr Handy ….
Nachdem sie in der Schule angekommen war, gab es ….
Vorher war die erste Stunde …
Am Ende hat Kim … Marie hatte **davor** … gefunden.
Glück gehabt!

Erzählt eine Geschichte.

Grammatik

Relativsätze mit *wo* und *was*
Wenn man über Orte spricht, verwendet man das Relativpronomen *wo*.

Berlin ist eine Stadt, **wo** man viel erleben kann.

Nach den Wörtern *alles*, *etwas*, *nichts* verwendet man das Relativpronomen *was*.

Mir hat alles gefallen, **was** ich gesehen habe.

Ergänzt *wo* oder *was*.
Wir wohnen in einem Dorf, ___ man nicht viel machen kann. Aber wir finden immer etwas, ___ Spaß macht. Es gibt zum Beispiel einen See, ___ man im Sommer schwimmen kann. Im Nachbarort gibt es ein Jugendzentrum. Alles, ___ man dort machen kann, ist kostenlos. Das ist super.

Plusquamperfekt
haben/*sein* im Präteritum + Partizip II:
Ich hatte gekauft, ich war gelaufen
Das Plusquamperfekt benutzt man, wenn man über etwas aus der Vergangenheit berichtet, das vor einem anderen Ereignis in der Vergangenheit liegt.

Was war vorher?

Sie hatte viel Sport …

1. Sie war sehr müde.
2. Er hatte großen Hunger.
3. Die Mädchen freuten sich.
4. Mia war traurig.
5. Jannik lief schnell nach Hause.

Temporale Nebensätze mit *nachdem*, *während* und *bevor*
Ereignisse im Hauptsatz und Nebensatz nicht gleichzeitig:

Bevor Jenny zur Party ging, probierte sie viele Outfits an.

Nachdem Henri die neue Frisur gesehen hatte, war er schockiert.

Sätze mit *nachdem* im Plusquamperfekt → Hauptsatz im Präteritum

Ereignisse im Hauptsatz und Nebensatz gleichzeitig:

Während Henri gewartet hat, hat er eine Cola getrunken.

Ergänzt die Sätze.
1. Nachdem ich nach Hause gekommen war, …
2. Während ich die Hausaufgaben machte, …
3. Bevor ich in die Schule ging, …
4. Nachdem ich das Praktikum beendet hatte, …

9 Rund ums Geld

Ich möchte so gern ein neues Handy,
ein blaues, denn das ist richtig trendy.
Das rote T-Shirt aus dem Geschäft
wäre aber auch nicht schlecht.

Coole Sneaker, neues Spiel,
ich brauche noch so viel.
Aber wie soll ich das bezahlen? Keine Idee.
Vielleicht kommt ja bald eine gute Fee?

Ich brauche Geld – Geld – Geld.
Ich brauche Geld – Geld – Geld.

Mein Taschengeld ist nicht genug.
Das finde ich wirklich gar nicht gut.
Aber meine Eltern sagen:
„Man kann nun mal nicht alles haben".

„Du musst mehr sparen",
das höre ich jetzt seit Jahren.
„Such dir doch endlich einen Job",
Leute, das ist doch echt ein Flop.

Ich brauche Geld – Geld – Geld.
Ich brauche Geld – Geld – Geld.

Aber ist das alles wirklich wahr?
Familie ist wichtig, das ist klar.
Und was brauch' ich denn im Leben noch?
Viel Spaß und Freunde reichen doch.

Ich treffe Freunde jeden Tag.
Das ist genau das, was ich mag.
Wir machen immer tolle Sachen
und können wirklich ganz viel lachen.

Geld ist nicht so wichtig – das ist richtig.
Geld ist nicht so wichtig – das ist richtig.
Oder was meinst du?

1

a **Hört und lest den Rap. Was sagt der Junge zuerst zum Thema „Geld"? Was ist am Ende seine Meinung?**

2.14

b **Freunde, Schule, Hobby, … – Was ist für euch wichtig? Erstellt eine Hitliste für die fünf wichtigsten Dinge. Vergleicht dann in der Klasse.**

2.14

c **Bildet vier Gruppen. Jede Gruppe wählt und übt eine Strophe. Hört den Rap noch einmal und singt eure Strophen mit. Den Refrain singt ihr zusammen.**

Das lernen wir: Zeitungstexte verstehen | jemanden überzeugen | Vorgänge beschreiben | Alternativen nennen | etwas reklamieren | **Grammatik:** *nicht/kein/nur* + *brauchen* + *zu* + Infinitiv | Modalpartikeln | Passiv Präsens und Präteritum | Sätze mit *(an)statt – zu* | **Aussprache:** Modalpartikeln

Tauschen wir?

2 **a** **Arbeitet zu zweit. Jeder liest einen Text. Welche Überschrift passt zu eurem Text? Wählt aus.**

Ein Jugendzentrum will tauschen Jeder hilft jedem und das alles umsonst

TAUSCHEN FÜR EINEN GUTEN ZWECK *Ein Service für wenig Geld*

b **Lest euren Text noch einmal und schließt dann das Buch. Erklärt eurem Partner / eurer Partnerin das Projekt.**

A Mit einem roten Kuli hat es angefangen. Die Schülerin Fiona M. musste für ihren Realschulabschluss ein einjähriges Projekt machen. Sie entschied sich für ein Tauschprojekt. Das Prinzip ist einfach: Es geht darum, jeweils eine Sache gegen eine wertvollere Sache zu tauschen.
Fiona erstellte eine eigene Homepage und eine Instagram-Seite für das Projekt, so konnte sich die Idee schnell verbreiten. Begonnen hat alles mit einem wertlosen Kuli, der schon länger auf Fionas Schreibtisch lag. Dafür bekam die Schülerin einen Schlüsselanhänger. Den tauschte sie dann gegen ein altes Handy. Das gab sie für einen Roller her. So ging es immer weiter. Fiona hat es sogar geschafft, einen Billard-Tisch zu bekommen. Beendet ist das Projekt noch nicht. Fiona ist entschlossen, das Projekt so lange fortzusetzen, bis sie dem Jugendzentrum in ihrer Stadt etwas Cooles spenden kann, z. B. einen Kleinbus für Ausflüge.

B Tauschringe gibt es mittlerweile in vielen Städten. Aber wie funktioniert so ein Tauschring? Die Idee ist simpel: Man tut etwas für andere Personen, aber man nimmt kein Geld dafür. Wenn man selbst etwas braucht, muss man für den Service auch nicht bezahlen. So repariert Person A das Fahrrad von Person B. Person B putzt die Wohnung für Person C. Person C repariert den Computer von Person D. Person D schneidet die Haare von Person A. So gibt man weniger Geld aus und bekommt vielleicht auch etwas, was man sich normalerweise finanziell nicht leisten könnte. Jedes Mitglied eines Tauschringes hat ein Zeitkonto mit den eigenen Einsatzstunden. Diese kann man dann wieder gegen einen Service tauschen. Die Personen finden sich über eine Webseite oder regelmäßige Treffen in der Nachbarschaft.

c **Lest die Sätze. Welche Aussage passt zu welchem Text? Ordnet zu.**

d **Wie findet ihr die Projekte? Was würdet ihr eher machen, A oder B? Warum? Wie würdet ihr die Idee umsetzen? Sprecht zu zweit.**

e **Erklärt einem Freund / einer Freundin in eurer Muttersprache das gewählte Projekt.**

3

a Lest die Aussagen 1 und 3 in Aufgabe 2c noch einmal. Was bedeuten die Sätze?

Ich brauche nichts zu bezahlen.
A Ich will nichts bezahlen.
B Ich muss nichts bezahlen.

Ich brauche nur meine Nachbarn zu fragen.
A Ich muss nur meine Nachbarn fragen.
B Ich darf nur meine Nachbarn fragen.

b Sagt die Sätze anders. Sprecht zu zweit und schreibt dann die Sätze.

1. Du musst mir das Geld nicht jetzt geben.
2. Wir müssen beim Schulkonzert keinen Eintritt zahlen.
3. Ihr müsst nicht immer neue Sachen kaufen.
4. Du musst nur deine Eltern um mehr Taschengeld bitten.
5. Du musst nur ein bisschen sparen.

G

***nicht/kein/nur* + *brauchen* + *zu* + Infinitiv**

Du brauchst mir das Geld **nicht** jetzt **zu** geben.
Du brauchst **kein** Geld mit **zu** bringen.
Ich brauche **nur** meine Nachbarn **zu** fragen.

4

a Das Tauschprojekt – Hört die Dialoge. Was wollen die Schüler tauschen?

2.15

2.16

b Sag mal … Modalpartikeln – Hört die Dialoge noch einmal mit und ohne die markierten Wörter. Welche Dialoge klingen lebendiger? Sprecht dann die Dialoge zu zweit.

Dialog 1

● Schau mal!
○ Was ist das denn?
● Mein altes Vokabelheft – sollen wir tauschen? Du gibst mir deinen roten Stift.
○ Das ist aber echt alt!
● Na und? Die Wörter in dem Heft sind immer noch aktuell! Und Wörter wiederholen ist wichtig, oder?
○ Nein, danke! Ich brauche dein altes Heft nicht.

Dialog 2

● Du bist ja so gut in Mathe!
○ Stimmt.
● Komm doch heute zu mir! Wir könnten doch zusammen Mathe lernen und dann erkläre ich dir Englisch.
○ Kannst du denn gut Englisch?
● Ja, klar. Ich hatte eine 1 im letzten Test.
○ Okay. Dann machen wir das so.

G

Modalpartikeln

aber	Überraschung
denn	Interesse (nur in Fragen)
doch	Vorschlag
ja	etwas ist bekannt
mal	freundliche Aufforderung

c Welche Modalpartikel passen? Ergänzt und sprecht die Dialoge zu zweit.

1. ● Das ist ein schönes Foto. ○ Zeig ___ !
2. ● Ich lade dich zum Eis ein. ○ Das ist ___ nett!
3. ● Komm ___ heute mit ins Kino! ○ Ja, gerne!
4. ● Woher hast du ___ dieses T-Shirt? ○ Von Jannik. Das habe ich getauscht.

d Organisiert in der Klasse ein Tauschprojekt: Vier Schüler arbeiten zusammen. Sammelt Gegenstände und Aktivitäten, die ihr zum Tausch anbieten könnt. Überlegt euch Argumente, warum die anderen in der Klasse das brauchen könnten. Versucht dann, andere Schülerinnen und Schüler vom Tausch zu überzeugen.

Jemanden überzeugen

Du solltest …
Wir könnten doch …
Ich finde, du brauchst unbedingt …
Besonders gut ist …
Ein Vorteil ist …
An deiner Stelle würde ich sofort …
… ist wichtig, oder?

Wie wird das gemacht?

5 **a** **Hört den Anfang des Gesprächs. Was will Kim? Warum? Macht Notizen und sprecht dann in der Klasse.**

2.17

Kim erklärt ihren Eltern, dass …

Sie findet es blöd, dass …

2.18

b **Wie bekommt Kim ein eigenes Konto? Was sagen Kims Eltern? Seht den Comic an, lest die Sätze und ordnet zu. Hört dann das Gespräch zu Ende und vergleicht.**

1. Wir müssen das Formular unterschreiben.
2. Der Ausweis oder Pass wird geprüft.
3. Dann bringst du das Formular zur Bank zurück und dein Girokonto wird eröffnet.
4. Du musst zu einer Bank gehen.
5. Die Bankkarte und die PIN werden dir zugeschickt. Dann kannst du allein am Geldautomaten Bargeld abheben.
6. Das Formular wird am Computer ausgefüllt und dann wird es ausgedruckt.

c **Erzählt zu zweit: Was passiert zuerst? Und dann? Und danach?**

Zuerst muss Kim zur Bank gehen. Und dann?

Dann wird … Und danach?

d **Aktiv oder Passiv? Welcher Satz passt zu welchem Bild?**

1. Kims Eltern unterschreiben das Formular.
2. Das Formular wird unterschrieben.

A

B

G9

e **Lest den Kasten und ergänzt die Regel. Die Sätze in 5b und d helfen.**

G

Passiv Präsens

Der Pass wird geprüft.
→ Man prüft den Pass.

Die Bankkarte und die PIN werden dir zugeschickt.
→ Man schickt dir die Bankkarte und die PIN zu.

Das Passiv bildet man mit ______ + ______

Beim Passiv ist wichtiger, was passiert. Die Person ist nicht wichtig oder sie ist unbekannt.

f **Was passiert in der Bank? Seht die Bilder an und ordnet die Verben zu. Formuliert zu zweit Sätze im Passiv. Vergleicht in der Klasse.**

Das Geld wird ausgezahlt.

✦ gefüllt ✦ überwacht ✦ ausgezahlt ✦ ausgedruckt ✦ beraten ✦

A

das Geld

B

die Kunden

C

die Automaten

D

die Formulare

E

die Bank

g **Wie heißen die Sätze aus 5f in eurer Sprache?**

h **Bildet in Gruppen Sätze im Passiv. Sprecht zuerst, schreibt dann die Sätze ins Heft.**

✦ Kleidung ✦ Bücher ✦ Filme ✦ Hausaufgaben ✦ Musik ✦ Geld ✦ Schulsachen ✦ … ✦	✦ von den Eltern bezahlt ✦ heruntergeladen ✦ online gekauft ✦ auf das Konto eingezahlt ✦ meistens gestreamt ✦ in der Bibliothek ausgeliehen ✦ erst am Abend gemacht ✦ … ✦

6 **Brauchen Jugendliche ein eigenes Konto? Schreibt einen kurzen Text zum Thema und begründet eure Meinung.**

Das Geldquiz

7 **a** **Lest das Quiz in der Schülerzeitung. Ratet zu zweit und notiert eure Antworten.**

Wie gut kennt ihr euch mit der Geschichte des Geldes aus? Macht unser Quiz.

1. Wann wurde in Deutschland die erste Bank eröffnet?
A Im 12. Jahrhundert. **B** Im 15. Jahrhundert. **C** Im 18. Jahrhundert.

2. Wo wurden die ersten Geldmünzen hergestellt?
A In Indien. **B** In Italien. **C** In der Türkei.

3. In welchem Land wurden die ersten Scheine aus Papier benutzt?
A In China. **B** In Griechenland. **C** In Japan.

4. Wann wurde die Deutsche Mark eingeführt?
A 1918 **B** 1948 **C** 1951

5. Wann wurde in Europa der Euro eingeführt?
A 1998 **B** 2000 **C** 2002

G

Passiv Präteritum

Wann wurde der Euro ein|geführt?

→Wann führte man den Euro ein?

Es gibt auch das Passiv Perfekt.
Man benutzt es selten.

Wann ist der Euro ein|geführt worden?

b **Lest die richtigen Lösungen auf Seite 77. Welches Team hat alle Antworten richtig?**

c **Wie wurde das früher gemacht? Bildet Sätze im Passiv Präteritum. Sprecht zu zweit, schreibt dann die Sätze ins Heft.**

✦ Lebensmittel tauschen ✦ Steine als Geld benutzen ✦ Münzen aus Gold und Silber herstellen ✦ Waren auf dem Marktplatz handeln ✦

Lebensmittel wurden …

Das blöde Ding!

8 a Rechte und Pflichten bei der Reklamation – Lest den Text und die Sätze 1 bis 4. Richtig oder falsch? Korrigiert die falschen Sätze.

So reklamierst du richtig

Du hast etwas gekauft, aber zu Hause merkst du, dass es kaputt ist oder nicht so gut funktioniert? Das kann vorkommen. Anstatt dich zu ärgern und das kaputte Ding wegzuwerfen oder einfach zu behalten, solltest du es im Geschäft reklamieren. Der Verkäufer darf nämlich keine kaputte Ware verkaufen. Wenn er es trotzdem macht, muss er die Ware reparieren bzw. umtauschen. Das muss er auch, wenn du den Originalkarton nicht mehr hast. Er ist aber nicht verpflichtet, das Geld zurückzugeben. Das kann er natürlich freiwillig tun, aber du kannst die Summe nicht zurückverlangen. Käufer haben das Recht, kaputte Ware bis zwei Jahre nach dem Kauf zu reklamieren. Allerdings musst du nach einem halben Jahr beweisen, dass die Ware schon beim Kauf kaputt war. Am besten ist es, wenn du die Quittung zeigen kannst. Du hast die Quittung nicht mehr? Wenn du mit deiner Bankkarte bezahlt hast, kannst du z. B. einen Beleg von der Bank mitbringen. Oder du hast einen Zeugen, z. B. deine Eltern oder einen Freund, der beim Kauf dabei war.

1. Wenn man Ware reklamieren will, braucht man die Verpackung.
2. Der Verkäufer kann das Geld zurückgeben, wenn er will.
3. Man hat zwei Jahre Zeit, kaputte Ware zu reklamieren.
4. Wenn man die Quittung verloren hat, kann man die Ware nicht mehr reklamieren.

b Florian hat einen neuen Kopfhörer gekauft. Lest den Chat. Was rät Paula? Formuliert zu zweit Sätze mit *anstatt*. Schreibt sie dann ins Heft.

FLORIAN
Der neue Kopfhörer ist kaputt. Das blöde Ding. Muss ihn wegwerfen.

PAULA
Quatsch. Du kannst ihn im Geschäft reklamieren.

FLORIAN
Hm, ok, ich warte bis morgen.

PAULA
Warum? Du solltest sofort ins Geschäft zurückgehen.

FLORIAN
Und dann verlange ich mein Geld zurück.

PAULA
Das muss der Verkäufer nicht machen. Tausch den Kopfhörer lieber gegen einen neuen um.

G

Alternativen nennen:
Sätze mit (*an*)*statt* – *zu*

(An)statt den Kopfhörer weg **zu** werfen, kann Florian ihn im Geschäft reklamieren.

Florian kann den Kopfhörer im Geschäft reklamieren, **(an)statt** ihn weg **zu** werfen.

Anstatt den Kopfhörer wegzuwerfen, kann Florian …

2.19

c Alternativen vorschlagen mit (*an*)*statt* – zu. Hört die Sätze und sprecht nach. Achtet auf die Betonung.

1. Anstatt **online** zu shoppen, geh lieber mal auf den **Flohmarkt**.
2. Geh lieber mal wieder ins **Kino,** anstatt dein Geld für **Süßigkeiten** auszugeben.
3. Statt **drei billige** T-Shirts zu kaufen, kauf lieber **eins** mit **guter** Qualität.

d Wie können die Sätze lauten? Überlegt zu zweit und schreibt eure Sätze auf Zettel. Schneidet den Zettel nach dem Komma durch. Mischt die Zettel und tauscht sie mit einem anderen Paar. Was passt zusammen? Ordnet zu. Das andere Paar korrigiert.

1. Anstatt kaputte Sachen wegzuwerfen, …
2. Anstatt alles neu zu kaufen, …
3. Anstatt das ganze Taschengeld auszugeben, …
4. …, kaufen wir lieber im Geschäft ein.
5. …, streamen wir lieber Filme.

… bringen wir sie lieber zur Reparatur.

Ich habe noch Garantie

9

9 **a** **Florians Reklamation – Hört das Gespräch im Geschäft und lest die Sätze im Kasten. Welche Sätze hört ihr? Notiert.**

2.20

Etwas reklamieren

Kunde/Kundin

- **A** Ich bin mit dem Kopfhörer leider gar nicht zufrieden.
- **B** Aber er funktioniert nicht richtig.
- **C** Der Kopfhörer ist kaputt.
- **D** Ich finde das wirklich sehr ärgerlich.
- **E** Was kann ich da jetzt machen?
- **F** Kann ich den Kopfhörer umtauschen?
- **G** Kann ich den Kopfhörer zurückgeben?
- **H** Ich habe noch Garantie.
- **I** Ich habe die Quittung noch.

Verkäufer/Verkäuferin

- **K** Kann ich dir helfen?
- **L** Was ist denn das Problem?
- **M** Hast du die Lautstärke richtig eingestellt?
- **N** Hast du den Kopfhörer richtig angeschlossen?
- **O** Ich verstehe, dass dich das ärgert.
- **P** Kann ich den Kopfhörer bitte mal sehen?
- **Q** Das tut mir leid.
- **R** Das wundert mich.
- **S** Selbstverständlich.
- **T** Hast du die Quittung noch?
- **U** Hast du noch Garantie?
- **V** Ich hole dir einen neuen Kopfhörer.

b **Wählt zu zweit eine Situation. Überlegt euch einen Dialog wie in 9a. Schreibt den Dialog dann auf. Verteilt die Rollen und übt den Dialog. Spielt ihn zum Schluss in der Klasse vor.**

Situation A

Kunde/Kundin:
- letzte Woche eine Hose gekauft
- hat ein Loch / einen Fleck
- was machen?

Verkäufer/Verkäuferin:
- richtig gewaschen?
- die Quittung?
- Geld zurück oder neue Hose?

Situation B

Kunde/Kundin:
- gestern eine Powerbank gekauft
- lädt nicht auf / funktioniert nicht
- das Kabel getestet, funktioniert
- die Powerbank umtauschen

Verkäufer/Verkäuferin:
- richtig angeschlossen?
- das Kabel getestet?
- die Quittung?

c **Habt ihr oder haben eure Eltern schon mal etwas reklamiert? Was ist da passiert? Sprecht in der Klasse.**

10 **Freie Wahl – A, B oder C?**

A Sprecht zu zweit und bildet Sätze mit *anstatt*.

Anstatt mit dem Handy zu spielen, …

… gehe ich lieber in den Skaterpark. Anstatt …

B Eure Währung – Wie heißt die Währung? Welche Scheine und Münzen gibt es? Welche Bilder sind auf den Scheinen und Münzen? Wann wurde die Währung eingeführt? Recherchiert Informationen und erstellt ein Plakat. Stellt es in der Klasse vor.

C Konsum- und Geld-ABC. Ihr habt 15 Minuten Zeit. Findet zu jedem Buchstaben ein Wort zum Thema. Welche Gruppe findet die meisten Wörter?

A auszahlen
B die Bank

Was kann ich nach Kapitel 9?

Wortschatz / Redemittel

Jemanden überzeugen
Du solltest … Wir könnten doch …
Ich finde, du brauchst unbedingt …
Besonders gut ist … Ein Vorteil ist …
An deiner Stelle würde ich sofort …
… ist wichtig, oder?

Spielt Dialoge.
1. Ihr wollt ein Buch gegen ein T-Shirt tauschen.
2. Ihr wollt einmal „Gemeinsam lernen“ gegen einen Besuch im Kino tauschen.

Etwas reklamieren
Ich bin mit … (leider) (gar) nicht zufrieden.
… funktioniert nicht richtig / ist kaputt.
Ich finde das (wirklich) sehr ärgerlich.
Was kann ich da jetzt machen?
Kann ich … umtauschen/zurückgeben?
Ich habe die Quittung noch / noch Garantie.

Euer neues Handy ist kaputt und ihr wollt es reklamieren. Was könntet ihr sagen? Bildet vier Sätze.

Guten Tag. Ich habe das Handy erst letzte Woche gekauft, aber …

Grammatik

***nicht/kein/nur* + *brauchen* + *zu* + Infinitiv**

Du brauchst mir das Geld **nicht** jetzt **zu** geben.

Du brauchst **kein** Geld mit **zu** bringen.

Ich brauche **nur** meine Nachbarn **zu** fragen.

Das wäre schön! Bildet Sätze und reagiert.
1. heute keine Hausaufgaben machen
2. die Wörter nicht lernen
3. nächste Woche nur einen Tag in die Schule kommen

Du brauchst heute keine …

Oh, wie schön!

Modalpartikeln

aber	Überraschung
denn	Interesse (nur in Fragen)
doch	Vorschlag
ja	etwas ist bekannt
mal	freundliche Aufforderung

Was passt? Wählt aus und lest vor.
1. Heute ist denn/aber schönes Wetter.
2. Was machen wir doch/denn am Nachmittag?
3. Wir könnten aber/doch in den Park gehen. Wir müssen mal/ja heute keine Hausaufgaben machen.
4. Gute Idee. Frag denn/mal Mia, ob sie auch mitkommt.

Passiv
werden + Partizip II

Präsens

Der Pass wird geprüft.

Passiv Präteritum

Der Pass wurde geprüft.

Was wird in der Schule gemacht? Bildet Sätze.
1. Texte – lesen
2. Grammatik – erklären
3. Aufgaben – rechnen
4. Übungen – machen
5. Fragen – stellen

Texte werden gelesen.

Alternativen nennen: Sätze mit *(an)statt – zu*

Florian sollte die Kopfhörer reklamieren,

statt die Kopfhörer weg **zu** werfen.

Anstatt bis morgen **zu** warten, sollte Florian sofort ins Geschäft zurückgehen.

Ergänzt die Sätze.
1. Anstatt immer zu spät zu kommen, …
2. Statt im Unterricht immer zu reden, …
3. Anstatt am Handy zu spielen, …

Plateau 3

1 a Lest zuerst alle Sätze (5 Minuten). Was passt zusammen?

b Übt zu zweit mit dem Karussell. Person A liest eine Frage / einen Satz (blau), Person B liest die Antwort (rot). Dann tauscht ihr.

Der Biotest war total schwer, oder?

Ja. Ich werde wohl wieder eine Vier bekommen.

- Wann wurde Deutschland das letzte Mal Fußballweltmeister?
- Das ging schnell. Innerhalb einer Stunde war ich fertig.
- Super! Du bist ja auch total sportlich.
- Gehst du heute auch zu Majas Party?
- Echt? Während der Pause sollte man chillen.
- Los, wir fragen Jannis, ob er auch mitkommt.
- Auf keinen Fall! Meins ist viel besser.
- Was fandest du in Berlin besonders toll?
- Sie hat gesagt, dass sie ein halbes Jahr reisen wird.
- Der Biotest war total schwer, oder?
- Ist doch klar, die Wiedervereinigung.
- Wie lange hast du gestern Hausaufgaben gemacht?
- Ehrlich? Das ist aber nett von euch.
- Was feiern die Deutschen am 3. Oktober?
- Ja! Ich werde wohl wieder eine Vier bekommen.
- Ich will jetzt noch lernen.
- Ja stimmt. Man kann nun mal nicht alles haben.
- Ich bin jetzt im Schwimmteam meiner Schule.
- Nächste Woche. Aber das machen wir selbst.
- Du brauchst kein Geld mitzubringen. Wir bezahlen.
- Hm, die East Side Gallery, wo man noch die Mauer sehen kann.
- Geh lieber ins Geschäft, statt alles online zu kaufen.
- Eine Fünf? Ach, du Armer!
- Was macht Jasmin nach dem Abitur?
- Wieso? Ich shoppe lieber im Internet.
- Komm, wir tauschen unsere Bücher.
- Meinetwegen. Er ist bestimmt in der Mensa.
- Die Tasche ist kaputt. Kann ich sie umtauschen?
- Er studiert jetzt an der Fachhochschule.
- Die Schuhe hätte ich gern, aber sie sind zu teuer.
- Nö, ich habe keine Lust zum Feiern.
- Macht dein Bruder eine Ausbildung oder ein Studium?
- Ja, natürlich. Hast du die Quittung noch?
- Wann wird unser Klassenzimmer gestrichen?
- Weltmeister? Keine Ahnung. Wirklich nicht!
- Mangelhaft? Was werden meine Eltern sagen?

2 a Wer ist das denn? – Hört die Dialoge. Zu welchem Dialog passt welcher Satz?

2.21

1. Jemand interessiert sich für Bilder.
2. Jemand interessiert sich für eine Person.

b Lest die Dialoge zu zweit. Spielt ähnliche Dialoge. Ersetzt die markierten Teile.

A

● Schau mal, der Typ da!
○ Oh, wer ist das denn?
● Der sieht aber cool aus!
○ Frag Clara doch mal, wer das ist. Sie kennt ja immer alle Leute.
● Nee, was denkt Clara denn dann von mir?
○ Du bist aber ängstlich! Komm schon!

B

● Was hast du denn da?
○ Das ist meine Kunstmappe.
● Cool, darf ich die mal sehen?
○ Warum?
● Bitte! Du weißt ja, dass ich auch gern male. Also zeig doch mal!
○ Na gut. Hier.

Schau mal, die Lehrerin da!

Oh, wer ist das denn?

Die sieht aber streng aus.

3 Wie wird es sein? – Lest die Fragen. Wählt eine Frage und schreibt eine Antwort auf eine Karte. Sammelt alle Karten ein und verteilt sie neu. Zu welcher Frage passt eure Antwort? Lest Frage und Antwort in der Klasse vor.

1. Welche Kleidung wird in 50 Jahren modern sein?
2. Wann werden die ersten Menschen auf dem Mars wohnen?
3. Wie wird die Schule in 50 Jahren aussehen?
4. Wie werden die Menschen in der Zukunft reisen?

Das wird nicht mehr lange dauern. Wir werden schon in 30 Jahren …

4 a So ein Quatsch! – Hört das Gespräch. Was ist hier los?

2.22

● Im Hauszimmer erklärte der Projektlehrer die letzte Klassenaufgabe vor der Deutschwoche.
○ Häh? Das verstehe ich nicht.
● Äh, nein. Im Deutschzimmer erklärte der Hauslehrer die letzte Projektaufgabe vor der Klassenwoche.
○ Was hast du gesagt?

2.23

b Wie heißt es richtig? Überlegt zu zweit und ergänzt die fehlenden Wörter. Hört dann das ganze Gespräch und vergleicht.

● Nein. So ein Quatsch. Noch einmal. Im ___zimmer erklärte der ___lehrer die letzte ___aufgabe vor der ___woche.
○ Ah, verstanden.

c Spielt den ganzen Dialog aus 4a und 4b mit viel Emotion. Tauscht dann die Rollen und spielt noch einmal.

5 **a** **Kim auf Klassenfahrt – Lest das Gedicht und ergänzt die fehlenden Verben. Hört dann das Gedicht zur Kontrolle.**

2.24

✦ dachte ✦ machten ✦ gelacht ✦ packten ✦ war ✦ gingen ✦ fuhren ✦
Gab ✦ stand ✦ gebracht ✦ sah ✦ lachten ✦

Als wir mit dem Bus auf Klassenfahrt ___ (1),
schauten wir sehr oft auf unsere Uhren.
Während wir im Bus unsere Späße ___ (2)
und die anderen ganz herzlich ___ (3),
sagte der Lehrer plötzlich: „Wir sind da!"
Alle ___ (4) ihre Sachen: „Aussteigen, hurra!"

Als ich endlich die Jugendherberge ___ (5),
war ich begeistert und ___ (6): „Oh lala!"
Es war eine Burg und wir ___ (7) hinein,
dort ___ (8) mein Vater, wie kann das sein?

Nachdem unser Bus schon losgefahren ___ (9),
merkte mein Vater: Der Koffer ist noch da!
Mit dem Auto hat er mir den Koffer ___ (10).
Das war ziemlich peinlich, alle haben ___ (11).

Doch so schlimm war es nicht, denn mein Vater ist toll!
___ (12) uns Limo und Chips, eine riesige Tüte voll.
Dann sagte der Lehrer: „Wir gehen jetzt essen."
Diese Klassenfahrt werde ich nie mehr vergessen.

2.24

b **Hört das Gedicht noch einmal. Übt dann das Gedicht zu zweit. Lest dann abwechselnd eine Strophe in der Klasse vor.**

6 **Passivsätze erweitern – Arbeitet zu zweit. Person A bildet einen Passivsatz. Person B wiederholt diesen Satz und ergänzt eine Information usw. Welches Team bildet den längsten Passivsatz?**

✦ den Text lesen ✦ das Paket verschicken ✦
die Jugendlichen abholen ✦ die Pizza backen ✦
den Fehler korrigieren ✦ … ✦

Der Text wird gelesen.

Der Text wird von den Schülern gelesen.

Der Text wird von den Schülern um 11 Uhr gelesen.

Der Text wird von den Schülern um 11 Uhr in der Schule gelesen.

7 **Wo bist du? – Denkt euch einen Ort aus. Beschreibt den Ort wie im Beispiel. Die anderen raten.**

Ich bin an einem Ort, wo die Menschen 22 Spieler und einen Ball ansehen und wo sie …

Du bist im … !

8

Sprachmittlung – Ihr seid mit euren Eltern in Berlin und bekommt im Hotel diese Flyer. Person A gibt die Informationen aus dem Flyer 1 in der Muttersprache weiter. Person B darf in der Muttersprache nachfragen. Tauscht dann die Rollen und sprecht über Flyer 2.

1

Computerspielemuseum

In Europas erstem Computerspielemuseum findet ihr die berühmtesten und wichtigsten Computerspiele, Computer und Spieleautomaten. Schaut euch z. B. den **Nimrod** an. Das war das erste Computerspiel, das man 1951 in Berlin auf einer Ausstellung sehen konnte. Oder probiert den ersten und einzigen Videospielautomaten der DDR aus, den **Poly-Play**. Außerdem könnt ihr euch wie in einer Bibliothek Videospiele von **Pacman** (1980) bis **Grand Theft Auto IV** (2008) ansehen. Auch über die Kunst, Technik und Zukunft der Computerspiele erfahrt ihr hier einiges.

Kommt vorbei und bringt Freunde und Familie mit!

2

Olympiastadion Berlin

Das Olympiastadion ist eine der beliebtesten Sehenswürdigkeiten in Berlin. Jedes Jahr besichtigen über 300 000 Besucher das 5-Sterne-Stadion. Hier spielt der Fußballclub Hertha BSC. Im Jahr 2006 fand hier das Endspiel der Fußballweltmeisterschaft statt.
Sie können das Stadion und den Olympiapark alleine entdecken oder Sie buchen eine spezielle Führung:

Die Highlighttour: 60 Minuten
Die Premiumtour: 120 Minuten
Die Hertha BSC-Tour: 90 Minuten
Die Techniktour: 90 Minuten

Öffnungszeiten:
April – Oktober: 9–19 Uhr
November – Dezember: 10–16 Uhr

9

Kapitelmeister Kapitel 7 bis 9 – Etwas fehlt. Arbeitet zu zweit, ergänzt a bis i und lest vor. Wer hat alles richtig?

a (S. 18)

Ein paar Tage vorher ___ ich meinen Führerschein ___ und ich hatte einen Plan.

b (S. 20)

c (S. 11)

___ sollte man regelmäßig lernen.

d (S. 28)

G

Alternativen nennen:
Sätze mit *(an)statt* ... *zu*

___, kann Florian ihn im Geschäft reklamieren.

e (S. 17)

Ich glaube, ___,
was man nicht mag.

f (S. 27)

das Geld ___

g (S. 16)

C ___

h (S. 27)

5. Wann ___ in Europa der Euro ___?

i (S. 8)

Benny 13. Mai, 11:55 Uhr
Ich hatte in der ___ sehr gute Noten.

10 a **Traditionen in DACH – Seht euch die Fotos an und beschreibt sie.**

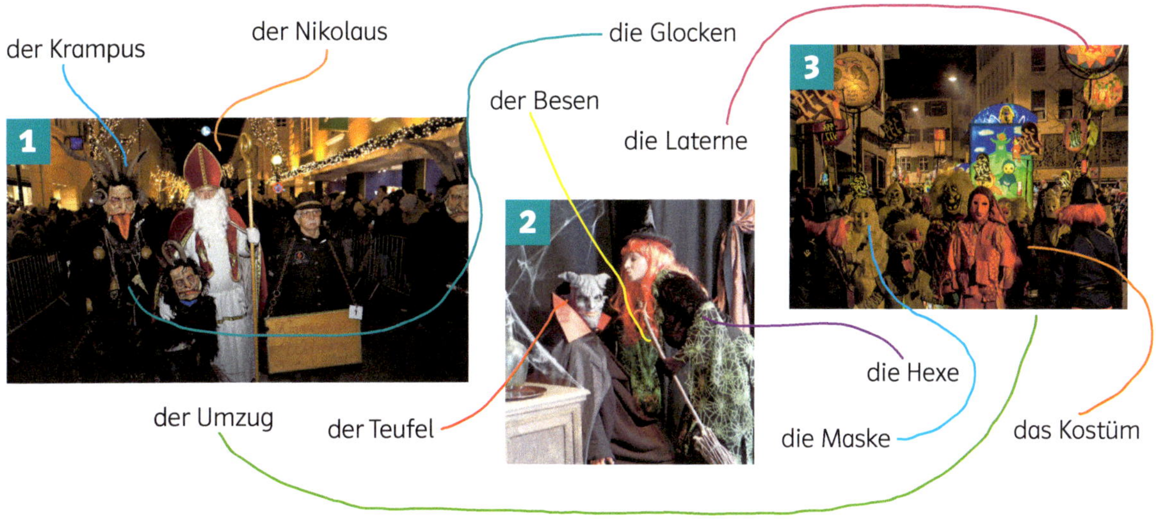

b **Lest die Texte von Eva, Celina und Jonas. Welches Foto passt zu welchem Fest? Wie heißen die Feste? Wo finden sie statt? Sucht die Orte auf der Karte im Umschlag.**

A Ich komme aus Basel in der Schweiz. Wir haben eine besondere Art, Fasnacht zu feiern. Fasnacht heißt in anderen Ländern Fastnacht, Karneval oder Fasching. Die Fasnacht startet am Montag nach Aschermittwoch um 4 Uhr am Morgen im Dunklen mit dem „Morgestraich" und endet am Donnerstag um 4 Uhr mit dem „Ändstraich". Beim „Morgestraich" ziehen die Basler Gruppen mit selbst gebastelten Laternen, mit Flöten und Trommeln durch die Stadt. Sie sind verkleidet und tragen tolle Masken. Die Zuschauer dürfen sich nicht verkleiden und nicht fotografieren. Bis zum Donnerstagmorgen gibt es mehrere Umzüge mit geschmückten Wagen, viel Musik und traditionellen Gerichten. *Jonas, 16 J.*

B In meiner Heimat, dem Harz, feiern wir am 30. April die Walpurgisnacht. Der Legende nach trafen sich die Hexen an diesem Abend auf dem Hexentanzplatz. Dann flogen sie auf ihren Besen auf den Blocksberg, den Brocken. Das ist der höchste Berg im Harz. Dort machten sie ein riesiges Feuer und feierten die ganze Nacht ein großes Fest mit dem Teufel. Der Name Walpurgis stammt von der heiligen Walburga, einer Äbtissin aus England. Der 1. Mai ist ihr Gedenktag. Heute gibt es in vielen Orten im Harz traditionelle Hexenumzüge, Feste, Konzerte, Märkte, Feuerwerk und vieles mehr, zu denen sich die Menschen als Hexen oder Teufel verkleiden. Außerdem stellen viele Leute Hexenpuppen vor ihre Häuser. *Celina, 15 J.*

C Bei uns in Klagenfurt, Österreich, ist der Krampuslauf sehr berühmt. Der Krampus, eine schreckliche Gestalt, ist aber auch in anderen Teilen von Österreich, Bayern, Liechtenstein und anderen Ländern bekannt. Der Krampustag ist am 5. Dezember. Beim Klagenfurter Krampusumzug laufen Leute als Krampus verkleidet durch die Stadt, machen Lärm mit ihren Glocken und ärgern die Zuschauer. Es laufen auch einige Leute als Nikolaus verkleidet mit, denn bei uns kommt der Nikolaus traditionell zusammen mit dem Krampus. Der Nikolaus schenkt den braven Kindern Süßigkeiten, der Krampus bestraft die bösen. *Eva, 16 J.*

c **Arbeitet zu sechst, bildet 3 Paare. Jedes Paar wählt einen Text und überlegt sich vier Fragen dazu. Tauscht dann eure Fragen mit den anderen Paaren und beantwortet sie.**

d **Welche Tradition findet ihr am interessantesten? Warum? Sprecht in Gruppen.**

Film

11

3.1 **a** **Lest die Ausdrücke. Seht dann Teil 1 von Filmclip 3 an. Welche Ausdrücke passen zum Filmclip? Wählt aus und erzählt, was ihr gesehen habt.**

✦ Sportunterricht in der Schule haben ✦ Ferien haben ✦ auf Klassenfahrt sein ✦ im Camp sein ✦ chillen ✦ Zelte aufbauen ✦ Regeln lesen ✦ Tagesplan erklären ✦ nicht begeistert sein ✦ sich sehr freuen ✦

3.2 **b** **Seht Teil 2 an. Was müssen die Jugendlichen morgens machen? Bringt die Bilder in die richtige Reihenfolge und ordnet die Ausdrücke zu.**

✦ sofort losjoggen ✦ Volleyballtraining haben ✦ durch den Park laufen ✦ sehr früh aufstehen ✦ Gymnastik machen ✦ Baggern und Pritschen üben ✦

A

B

C

D

3.3 **c** **Seht Teil 3 an. Warum gehen Lena, Ricki und Jonas zu Herrn Schmidt? Was wollen sie? Wie reagiert ihr Trainer? Sprecht zu zweit.**

Sie finden, dass …

Lena sagt, dass …

Sie wünschen sich, dass …

3.4 **d** **Wie geht die Geschichte weiter? Seht die Bilder an und sprecht in Gruppen. Seht dann Teil 4 an und vergleicht mit euren Vermutungen.**

Die Jugendlichen haben eine Idee. Sie …

Auf den Schildern steht …

e **Ihr seid im Sportcamp. Schreibt einen Tagesplan, der euch gefällt. Stellt ihn in der Klasse vor.**

Jede Menge Arbeit … 10

der Fahrlehrer / die Fahrlehrerin

der Kunde / die Kundin

der Fluggast

der Rechtsanwalt / die Rechtsanwältin

der Krankenpfleger / die Krankenschwester

der Richter / die Richterin

der Patient / die Patientin

der Flugbegleiter (Steward) / die Flugbegleiterin (Stewardess)

der Maler / die Malerin

der Fahrschüler / die Fahrschülerin

1 **a** **Seht die Fotos an und hört die Szenen A bis E. Wo sind die Personen? Welche Personen passen zusammen? Ordnet zu und vergleicht eure Lösungen in der Klasse.**

2.25

b **Welche Eigenschaften braucht man für welchen Beruf? Wählt zwei Berufe aus und nennt die drei wichtigsten Eigenschaften. Vergleicht und begründet eure Auswahl in Gruppen.**

✦ geduldig ✦ freundlich ✦ zuverlässig ✦ engagiert ✦ gerecht ✦ hilfsbereit ✦ exakt ✦ kreativ ✦ schnell ✦ organisiert ✦ flexibel ✦ aufmerksam ✦ verantwortungsvoll ✦ mitfühlend ✦ ruhig ✦ teamfähig ✦ ordentlich ✦

Ich glaube, dass ein Fahrlehrer geduldig sein muss. Außerdem soll …

c **Arbeitet zu zweit. Wählt einen Beruf und schreibt einen Dialog wie in 1a. Die anderen raten, wer spricht.**

Das lernen wir: einen Text über Vorteile von Praktika verstehen | Vorteile und Gründe nennen | Vermutungen äußern | Zweifel äußern | Anzeigen verstehen | eine Bewerbung schreiben | **Grammatik**: Doppelkonnektoren: *sowohl – als auch, entweder – oder, weder – noch, nicht nur – sondern auch* | *n*-Deklination | Passiv mit Modalverb | Nebensatz mit *seit(dem)* | **Aussprache**: Vokale am Wort- oder Silbenanfang

Erst mal ein Praktikum ...

2 a **Ein Praktikum? Wozu brauche ich das? Arbeitet in Gruppen und sammelt Gründe für ein Praktikum nach dem Schulabschluss.**

> Es gibt mehrere Berufe, die ich interessant finde. Deshalb ...

b **Lest den Text und beantwortet zu zweit die Fragen. A stellt Frage 1, B antwortet. Dann fragt B weiter.**

1. Wie lange dauert ein Praktikum?
2. Was braucht man, wenn man am Arbeitsplatz Aufgaben erledigen soll?
3. Was lernen Praktikanten im Kontakt mit Kunden und Kollegen?
4. Warum ist ein Praktikum eine positive Herausforderung?
5. Alle Erfahrungen sind wichtig. Warum?
6. Welche Dokumente schreibt oder bekommt man im Praktikum?

Ein Praktikum – Eine gute Idee

Am Ende der Schulzeit stehen Jugendliche vor der Entscheidung, was sie in Zukunft machen wollen. Nach dem Abitur kann man entweder als Azubi in einer Firma eine Ausbildung machen oder ein Studium anfangen. Die Auswahl ist groß. Für eine bessere Orientierung entscheiden sich viele für ein Praktikum bereits während oder direkt nach der Schule.

A Man muss zuerst festlegen, wo man ein Praktikum machen möchte und wie lange es dauern soll. Es gibt verschiedene Plätze, die entweder für ein paar Wochen oder für mehrere Monate angeboten werden. Doch egal, wie man sich entscheidet: Für alle Praktika gilt, dass sie erste Erfahrungen im beruflichen Alltag bieten. Wie sind die Aufgaben und Arbeiten organisiert? Welche Abteilungen gibt es? Wer arbeitet mit wem? Welche Qualifikation braucht man? Wie funktioniert eine Firma? Bei einem Praktikum können Jugendliche Antworten auf viele Fragen finden.

B Ein Vorteil des Praktikums sind also die praktischen Erfahrungen, die Praktikanten sammeln können. Am Arbeitsplatz muss man Besprechungen organisieren, alltägliche Arbeiten erledigen oder Probleme im Team besprechen. Dazu braucht man sowohl theoretische Kenntnisse als auch praktische Fähigkeiten. Die Praktikanten lernen täglich an ihrem Arbeitsplatz, wie Theorie und Praxis zusammen funktionieren. Und das nicht nur in Handwerksberufen wie Maler und Schreiner, sondern auch in der Landwirtschaft oder im Labor.

C Während ihrer Zeit in einer Firma haben Praktikanten Kontakt mit Kollegen und manchmal auch mit Kunden. Schüler müssen während ihrer Schulzeit weder formelle Briefe oder Mails schreiben noch mit Kunden oder Kollegen sprechen. Im Praktikum kann man diese Art von Kommunikation in Texten und Gesprächen kennenlernen und manchmal selbst ausprobieren.

D Generell sind die vielen neuen und unbekannten Aufgaben und Situationen während des Praktikums eine positive Herausforderung. Denn mit jeder neuen Aufgabe, die die Praktikanten erledigen, haben sie die Chance, sich zu entwickeln. Wenn man etwas nicht versteht, sollte man das gleich ansprechen. Dann kann man sich zum Beispiel in der Kommunikation verbessern, neue Software kennenlernen oder verstehen, wie eine bestimmte Technik funktioniert.

E Während eines Praktikums kann man sowohl positive als auch negative Erfahrungen machen. Positive Erfahrungen kann man später im eigenen Lebenslauf beschreiben. Und gute Kontakte zur Firma und zu Kollegen helfen jedem Praktikanten, ein Netzwerk für den Beruf aufzubauen. Manchmal passiert es aber, dass die Erwartungen während eines Praktikums nicht erfüllt werden, weil man sich z. B. den Beruf ganz anders vorgestellt hat. In einem Praktikum lernt man eben nicht nur die Vorteile, sondern auch die Nachteile eines Berufs kennen. Diese negative Erfahrung ist genauso wichtig wie die positiven Erlebnisse, denn so kann man sich später bewusst entweder für oder gegen einen bestimmen Beruf entscheiden.

F Für diese Entscheidung ist es auch sinnvoll, alle Erfahrungen in einem Praktikumsbericht aufzuschreiben. So können sich Praktikanten am besten merken, was sie gemacht und gelernt haben. Am Ende des Praktikums wird in der Regel auch ein Praktikumszeugnis ausgestellt. Wenn man seinen Job gut gemacht hat, dann hilft das Zeugnis bei späteren Bewerbungen, z. B. für eine Lehrstelle.

Es sprechen also viele Gründe für ein Praktikum, auch wenn man als Praktikant normalerweise kein Gehalt bekommt. Manchen dauert ein Praktikum aber noch zu lange. Dann kann man als Alternative z. B. in Projekten wie *one week experience* Auszubildende eine Woche lang begleiten. Hauptsache: Aktiv sein und vieles ausprobieren!

c **Arbeitet zu dritt. Wählt je zwei Abschnitte aus dem Text. Lest die Abschnitte noch einmal und notiert die Gründe für ein Praktikum. Beschreibt euch gegenseitig die Gründe in eigenen Worten.**

Ein Praktikum ist eine gute Idee, weil man den beruflichen Alltag kennenlernen kann.

Vorteile und Gründe nennen
Ein positiver Aspekt ist, dass …
… ist eine gute Idee/Wahl/
Entscheidung, weil/da …
Ein Argument für… ist, dass …
… ist ein Vorteil, weil …
… ist positiv, denn …

d **Und ihr? Kann man in eurem Land Praktika machen? Was möchtet ihr nach der Schule machen (ein Praktikum, ein Studium, eine Ausbildung, eine lange Reise, Au-Pair, …)? Berichtet.**

entweder – oder

3 **a** **Bewerben für ein Praktikum – Lest den Grammatikkasten. Welche Bedeutung passt zu welchen Konnektoren?**

G

Doppelkonnektoren

Ich bewerbe mich **sowohl** bei der Bank **als auch** im Reisebüro.

Ich bewerbe mich **nicht nur** bei der Bank, **sondern auch** im Reisebüro.

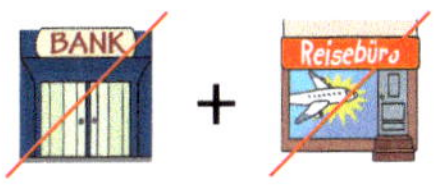

Ich bewerbe mich **weder** bei der Bank **noch** im Reisebüro.

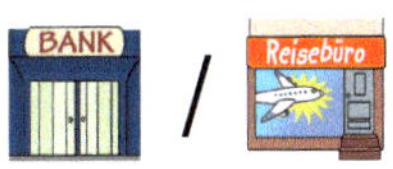

Ich bewerbe mich **entweder** bei der Bank **oder** im Reisebüro.

✦ A oder B
✦ A und B ✦
nicht A und nicht B ✦
A und B ✦

b **Was passt zusammen? Ordnet zu. Lest dann abwechselnd zu zweit vor.**

1. Die Praktika werden entweder für ein paar Wochen
2. Am Arbeitsplatz braucht man sowohl theoretische Kenntnisse
3. Praktische Fähigkeiten und theoretisches Wissen braucht man nicht nur in Handwerksberufen,
4. Jugendliche müssen in der Schule weder formelle Briefe schreiben
5. Praktikanten lernen nicht nur die positiven Seiten,
6. Nach dem Praktikum kann man sich entweder für

A noch mit Kunden sprechen.
B oder gegen den Beruf entscheiden.
C sondern auch negative Aspekte eines Berufes kennen.
D oder für einige Monate angeboten.
E sondern auch in der Landwirtschaft oder im Labor.
F als auch praktische Fähigkeiten.

c **Was erwartet ihr von einem Praktikum? Ergänzt die Sätze. Sprecht erst zu zweit über eure Erwartungen. Schreibt dann die Sätze ins Heft.**

1. Ich möchte nicht nur … (zusehen / mitarbeiten)
2. Ich hoffe, dass das Praktikum weder … (uninteressant / langweilig)
3. Ich wünsche mir, dass die Kollegen sowohl … (nett / hilfsbereit)
4. Ich glaube, dass ich entweder … (um 6 / um 7 Uhr anfangen)
5. Ich denke, dass ich nicht nur … (viel lernen / Spaß haben)

Ich möchte nicht nur zusehen, sondern …

4 **a** **Jannik überlegt – Wo möchte Jannik vielleicht arbeiten? Beschreibt die Bilder und ordnet die Tätigkeiten zu. Manche passen mehrfach. Sprecht in der Klasse.**

✦ einen Anzug tragen ✦ Ware verkaufen ✦ früh aufstehen ✦ hart arbeiten ✦ Betten beziehen ✦ bei Untersuchungen helfen ✦ Filme drehen ✦ Stars treffen ✦ Speisen und Getränke servieren ✦ in der Küche helfen ✦ Kontakt zu Kunden haben ✦ nachts arbeiten ✦ an der Kasse sitzen ✦ viel über Wirtschaft wissen müssen ✦

R10 **b** **Ein Praktikum in der Bank, im Krankenhaus, … Was macht/lernt man da (nicht)? Was ist interessant? Sprecht zu zweit über eure Vermutungen und Zweifel.**

Vermutlich muss man bei einem Praktikum in der Bank immer einen Anzug tragen.

Das glaube ich auch.

Vermutungen äußern	Zustimmen	Zweifel äußern
Ich denke/glaube/meine, dass …	Das denke/glaube/meine ich auch.	Ich glaube nicht, dass … / bin nicht sicher, ob …
Ich vermute, dass …	Du hast recht.	Ich habe meine Zweifel, ob …
Vermutlich/Bestimmt …	Stimmt.	Da bin ich mir nicht so sicher.
		Das ist doch Quatsch.

5 **a** **Lest die Anzeigen und ordnet einen passenden Titel aus 1 bis 4 zu.**

1. Zoo braucht Helfer 2. Arbeiten auf dem Land 3. Arbeiten, wo andere Urlaub machen 4. Kellner gesucht

A

Du arbeitest gern im Freien an der frischen Luft? Bei einem Ferienjob auf dem

❀ Biobauernhof ❀

hast du die Gelegenheit, den Arbeitsalltag eines Bauern und verschiedene Tätigkeiten in der Landwirtschaft kennenzulernen: bei der Ernte helfen, Lieferungen zusammenstellen, Pferde, Kühe oder Hasen pflegen … Bewerbungen bitte an Herrn Seifert, Sandnerhof …

B

Interessiert dich die Arbeit mit exotischen Tieren, z. B. mit einem Löwen, Bären oder Affen? Im

Tierpark Hellabrunn

sind Praktika in der Tierpflege oder Tiermedizin möglich. Aktuell suchen wir Jugendliche für Schülerpraktika im Bereich Pflege und eine Studentin / einen Studenten der Tiermedizin. Du willst mehr erfahren? Fragen und Bewerbungen bitte an unsere Personalabteilung.

C

Langeweile gibt es bei uns nicht!

Der FerienClub an der Ostsee sucht für die Betreuung von Kindern eine Praktikantin oder einen Praktikanten, die/der sportlich und kreativ ist, gern Verantwortung übernimmt und Kinder mag. Interessiert? Dann schick uns deine Bewerbungsunterlagen mit Zeugnis und Lebenslauf an …

D

Wir suchen eine Aushilfe im Service, Arbeitszeit werktags und an den Wochenenden, gern Schüler oder Studenten, Verdienst 10 € pro Stunde + Trinkgeld. Wo? Eiscafé Ludwig, Schedestraße 20, Tel: 3067893

b **Lest die Anzeigen in 5a noch einmal und überlegt Fragen zu den Informationen in den Texten. Arbeitet dann zu zweit. Stellt euch gegenseitig Fragen und antwortet.**

Wie viel Geld verdient man im Eiscafé Ludwig?

Man bekommt … Was muss man im Zoo machen?

c **Welche Anzeige aus 5a findet ihr interessant? Wählt eine Anzeige und teilt euren Eltern die wichtigsten Infos dazu in eurer Muttersprache mit.**

d ***n*-Deklination – Lest die Regel im Kasten und sucht Beispiele in den Anzeigen in 5a. In welchem Kasus stehen die Nomen?**

e **Ergänzt die Sätze mit passenden Nomen.**

1. Beim Job im Supermarkt hilft man dem ___, zum Beispiel Produkte zu finden.
2. Auf dem Sandnerhof arbeitet man mit dem ___ viel draußen.
3. Der Stundenlohn für einen ___ oder Schüler im Eiscafé Ludwig ist 10 Euro.
4. Im Zoo kann man einen ___ oder einen ___ füttern.
5. Für den FerienClub sollte das Alter des ___ oder der Praktikantin mindestens 16 sein.

G

***n*-Deklination**

Einige maskuline Nomen enden immer auf -(*e*)*n*, nur im Nominativ Singular nicht:

Nominativ	der/ein	Kunde
Akkusativ	den/einen	Kunde**n**
Dativ	dem/einem	Kunde**n**
Genitiv	des/eines	Kunde**n**

ebenso: der Junge, der Bär, der Fotograf, der Mensch, der Herr, der Bauer, der Student, der Praktikant, der Elefant …

6

a **Lest Sinans Bewerbungsanschreiben. In welcher Reihenfolge stehen die Inhaltspunkte? Ordnet zu.**

✦ A Betreff ✦ B Adresse Empfänger ✦ C Interessen und Motivation für das Praktikum/die Arbeit ✦ D Adresse Absender ✦ E Kenntnisse und Fähigkeiten ✦ F aktuelle Situation ✦ G Zeitraum ✦ H Anrede ✦ I Ort und Datum ✦ J Unterschrift ✦ K Gruß ✦

1 D

1 Sinan Müller – Bärmannstraße 49 – 81245 München – SinanMueller@fmail.de

2 Sandnerhof
Herrn Seifert
Landstraße 112
85598 Baldham

3 **Bewerbung für ein Schülerpraktikum**

4 München, 20.4. …

5 Sehr geehrter Herr Seifert,

6 hiermit bewerbe ich mich um ein Praktikum auf Ihrem Bauernhof vom 5.6. – 23.6. …
7 Zurzeit besuche ich das Schiller-Gymnasium in München. Ich gehe in die 9. Klasse. In
8 meinem Schülerpraktikum möchte ich sehr gern Erfahrungen in der Landwirtschaft
sammeln. Ich interessiere mich sehr für Natur- und Umweltschutz, mag Pflanzen und
9 Tiere, besonders Pferde. Schon seit sechs Jahren reite ich und weiß viel über Pferde.
Ich bin zuverlässig und kann Verantwortung übernehmen.
Über eine Einladung zum Vorstellungsgespräch würde ich mich sehr freuen.

10 Mit freundlichen Grüßen
11 Sinan Müller

Anlagen: Zeugnis, Lebenslauf

Gliedert eure Bewerbung nach Inhaltspunkten, das hilft euch beim Schreiben.

b **Eure Bewerbung – Wählt eine Anzeige aus 5a** oder **sucht selbst im Internet nach einem Angebot und macht für euch Notizen zu den Inhaltspunkten aus 6a.**

c **Schreibt mit euren Notizen eine Bewerbung für den Job oder das Praktikum. Vergleicht eure Texte in der Klasse.**

Eine Bewerbung schreiben

Sehr geehrte Damen und Herren, …
Sehr geehrte/r Herr/Frau …
Hiermit bewerbe ich mich um …
Zurzeit / Im Moment …

Ich interessiere mich für …
Ich bin zuverlässig, …
Über eine positive Antwort / eine Einladung zum Vorstellungsgespräch würde ich mich sehr freuen.

Das muss erledigt werden!

7 a Seht die Bilder an. Was ist los? Erzählt.

b Hört jetzt die Geschichte. Warum freut sich Kim schon auf die Schule? (2.26)

c Hört noch einmal. Was muss im Büro getan werden? Arbeitet zu zweit. Ergänzt die Sätze und lest sie abwechselnd vor. (2.26)

Folgende Sachen müssen erledigt werden:

1. Das Büro muss aufgeräumt werden und die Ordner sollen ___ gestellt werden.
2. ___ müssen in Kuverts gesteckt und verschickt werden.
3. ___ müssen angerufen werden.
4. ___ müssen kopiert werden.
5. Die Dokumente müssen zur Sekretärin ___ gebracht werden.
6. ___ kann schon gedruckt werden.
7. ___ darf nicht vergessen werden.

> **G**
> **Passiv mit Modalverben**
>
> Passiv:
> Die Briefe müssen zur Post gebracht werden.
>
> Aktiv:
> Man muss die Briefe zur Post bringen.

d Seht euch die Sätze in 7c noch einmal an. Wie bildet man das Passiv mit Modalverb? Sprecht in der Klasse.

e Seht die Bilder an. Was muss getan werden? Ordnet zu und formuliert Passivsätze mit *müssen*.

✦ staubsaugen ✦ den Müll runterbringen ✦ das Geschirr abwaschen ✦ die Wäsche aufhängen ✦ den Schreibtisch aufräumen ✦

Der Müll muss …

Seit(dem) ich den Beruf besser kenne, ...

8 **a** **Rund um die Arbeit – Hört die Statements von fünf Jugendlichen zum Thema. Was berichten sie? Ordnet zu.**

2.27

1. Seit Johan den Alltag auf dem Bauernhof kennt,
2. Flo sucht auch eine Arbeit,
3. Seit Clara denken kann,
4. Jeff möchte gern im Feriencamp arbeiten,
5. Seitdem Melissa im Eiscafé jobbt,

A seit er vom Schülerjob seines Freundes weiß.
B will er nicht mehr in dem Bereich arbeiten.
C hat sie weniger Zeit für die Schule.
D ist Tierärztin ihr Traumberuf.
E seitdem er Jobangebote am Meer kennt.

b **Seit(dem) ich einen Job habe … – Arbeitet zu zweit. Formuliert Sätze mit *seit(dem)*.**

✦ eine neue Lehrerin / einen neuen Lehrer haben ✦ Fan von … sein ✦ … kennen ✦ mehr/weniger Sport machen ✦ 14/15/16 sein ✦ einen Schülerjob haben ✦ ein Praktikum suchen ✦ mehr/weniger für die Schule lernen ✦ Deutsch lernen … ✦

G

Temporaler Nebensatz mit *seit(dem)*

Ich möchte Ärztin werden, **seit(dem)** ich 12 bin.

Seit(dem) ich 12 bin, möchte ich Ärztin werden.

Seit ich einen Schülerjob habe, habe ich endlich genug Geld für …

9 **a** **Sag mal … Vokale am Wort- oder Silbenanfang – Hört und lest die Beispiele, achtet auf die markierten Stellen im Wort. Sprecht nach.**

2.28

1. alle
2. ich
3. ordentlich
4. die Adresse
5. das Eiscafé
6. unordentlich
7. beachten
8. die Bewerbungsunterlagen

2.29

b **Hört die Wörter aus 9a noch einmal und sprecht nach. Flüstert.**

2.30

c **Hört die Beispiele 1 bis 4 in zwei Varianten, A und B. Was ist richtig gesprochen, A oder B?**

1. Verantwortung übernehmen
2. seine Aufgaben erledigen
3. die Anzeige
4. der Arbeitsalltag

Tipp!

Bei Vokalen am Wort- oder Silbenanfang spricht man die Wörter oder Silben getrennt.

2.31

d **Hört die Sätze. Lest sie dann zu zweit. Achtet auf die Aussprache.**

1. Anton arbeitet immer ab acht Uhr.
2. Er erledigt offenbar alle Aufgaben ordentlich.
3. Ella ordnet im Unterricht ihre Unterlagen.
4. Ilvi interessiert eine Arbeit als Architektin.
5. Annabel arbeitet erst mal als Aushilfe im Eiscafé.

e **Schreibt zu zweit drei ähnliche Sätze, sie müssen nicht sinnvoll sein. Benutzt viele Wörter mit Vokalen am Anfang. Lest sie dann laut in der Klasse.**

Emil erledigt Aufgaben irgendwie immer erst am Abend ab 21:00 Uhr.

10 **Freie Wahl – A, B oder C?**

A Spielt in Gruppen. Wählt einen Beruf und beschreibt: Wo arbeitet man? Was macht man? … Die anderen raten. Notiert alle Berufe.

Man arbeitet im Krankenhaus und untersucht Patienten.

Arzt oder Ärztin!

B Recherchiert im Internet einen Beruf, der euch interessiert (Arbeitsalltag, Arbeitsort, Verdienst, Ausbildung …) und schreibt ein kurzes Berufsporträt. Schreibt auch, warum ihr den Beruf interessant findet.

C Ihr möchtet euch für einen Job oder ein Praktikum bewerben und sollt ein Bewerbungsvideo schicken. Wählt eine für euch interessante Arbeit und dreht ein Handyvideo: Stellt euch vor und sprecht über eure aktuelle Situation, eure Interessen und eure Motivation für die Stelle.

Was kann ich nach Kapitel 10?

Wortschatz / Redemittel

Vorteile und Gründe nennen
Ein positiver Aspekt ist, dass …
… ist ein Vorteil / positiv, denn …
Ein Argument für … ist, dass …

Warum ein Praktikum machen? Formuliert zwei Sätze mit Vorteilen.
praktische Erfahrung – Kollegen/Kunden kennenlernen – arbeiten im Team – Alltag in Firma kennenlernen – …

Vermutungen äußern
Ich vermute/glaube/meine, dass …
Vermutlich/Bestimmt …

Zustimmen
Du hast recht. / Stimmt.

Zweifel äußern
Ich habe meine Zweifel, ob … / Da bin ich mir nicht so sicher.

Vermuten, zustimmen, zweifeln. Sprecht zu zweit.
Praktikum wird super! ☺
Im Praktikum viel Geld verdienen. 😐
Von 10 bis 12 Uhr arbeiten. 😐

Das Praktikum wird bestimmt super.

Da bin ich …

Eine Bewerbung schreiben
Hiermit bewerbe ich mich um …
Zurzeit / Im Moment …
Ich interessiere mich für … Ich bin zuverlässig, …
Über eine positive Antwort / eine Einladung zum Vorstellungsgespräch würde ich mich sehr freuen.

Alles falsch! Sortiert die Sätze. A liest den ersten Satz. B liest weiter.
Über eine positive Antwort würde ich mich freuen. Ich bin zuverlässig und flexibel. Zurzeit gehe ich in die 9. Klasse am Brüder-Grimm-Gymnasium in Köln. Hiermit bewerbe ich mich um ein Praktikum in Ihrer Firma. Ich interessiere mich für Technik und Medien.

Grammatik

Doppelkonnektoren

Ich bewerbe mich **sowohl** bei der Bank **als auch** im Zoo.	A + B
Ich bewerbe mich **nicht nur** bei der Bank, **sondern auch** im Zoo.	A + B
Ich bewerbe mich **weder** bei der Bank **noch** im Zoo.	– A – B
Ich bewerbe mich **entweder** bei der Bank **oder** im Zoo.	A / B

Eure Zukunft – Ergänzt die Sätze und sprecht zu zweit.
1. Ich möchte ___ reich ___ berühmt werden.
2. Ich werde ___ Tierarzt ___ Richter.
3. Ich möchte ___ eine Ausbildung machen ___ studieren.
4. Ich reise ___ ins Ausland ___ ich arbeite in einem Verein.

Ich möchte sowohl …

***n*-Deklination**

Nominativ	der/ein	Kunde
Akkusativ	den/einen	Kunde**n**
Dativ	dem/einem	Kunde**n**
Genitiv	des/eines	Kunde**n**

ebenso: der Junge, der Mensch, der Herr, der Student, der Praktikant, der Fotograf, der Praktikant, der Bär, …

Mit oder ohne *-n*? Ergänzt, wenn nötig, ein *-n* und kontrolliert zu zweit.
1. Mögt ihr meinen Freund ___ Ole?
2. Ich suche meinen Hund ___.
3. Wir haben einen Elefant ___ gesehen.
4. Kennst du Herr ___ Müller?

Passiv mit Modalverb

Die Briefe müssen zur Post gebracht werden.

Was muss gemacht werden? Sprecht zu zweit.
Auto waschen – Haare schneiden – Fahrrad reparieren – Milch kaufen

Das Auto muss …

Temporaler Nebensatz mit *seit(dem)*

Ich möchte Ärztin werden, **seit(dem)** ich 12 bin.
Seit(dem) ich 12 bin, möchte ich Ärztin werden.

Was möchtet ihr seit wann? Ergänzt die Sätze zu zweit.
1. Ich ___, seitdem ich zur Schule gehe.
2. Ich ___, seit ich sieben bin.
3. Ich ___, seitdem ich ein Handy habe.
4. Ich ___, seit ich lesen kann.

Wir bewegen etwas! 11

Bundestag

A Eine ___ ist eine Organisation mit einem politischen Programm. Die Bürger können sie wählen.

Partei

B Der/Die ___ wird alle fünf Jahre gewählt. Er/Sie repräsentiert das Land und unterschreibt die Gesetze des Bundestags.

Regierung

C Personen, die ein politisches Amt haben, nennt man ___.

Europäische Union (EU)

D Das Parlament beschließt Gesetze. Seine Mitglieder werden von den Bürgern im Land gewählt. In Deutschland heißt das Parlament ___.

Bundespräsident/Bundespräsidentin

E Die ___ besteht aus mehreren Politikern der Parteien, die für 4 Jahre gewählt werden. Dazu gehören z. B. Bundeskanzler/-in und mehrere Minister/-innen.

Bundesländer

F In der Bundesrepublik Deutschland gibt es 16 ___.

Politiker/Politikerinnen

G Deutschland gehört zusammen mit 26 weiteren Ländern zur ___. Die Hauptstadt ist Brüssel.

1 a Seht die Puzzleteile an und lest die Erklärungen. Was passt zusammen? Überlegt zu zweit, vergleicht dann in der Klasse.

b Gibt es auch in eurem Land einen Präsidenten / eine Präsidentin, einen Kanzler / eine Kanzlerin, Bundesländer? Recherchiert und sprecht in der Klasse.

> Eine Kanzlerin haben wir nicht. Der Chef der Regierung ist der Präsident.

c Welche Wörter aus dem Puzzle kennt ihr schon aus anderen Sprachen? Sammelt in Gruppen.

Das lernen wir: Politik und politisches System in Deutschland | Ziele ausdrücken | ein Interview verstehen | Folgen ausdrücken | Meinung/Überzeugung ausdrücken | einen Beitrag für die Schülerzeitung schreiben | **Grammatik:** Nebensatz mit *damit* und *um – zu* | Fragewort mit Präposition *worauf/worüber/...?* | Pronomen mit Präposition *darauf/darüber/...* | Nebensatz mit *sodass* / *so – dass* | **Aussprache:** mehrere Konsonanten hintereinander

Ich engagiere mich, damit …

2

a Kim will sich engagieren – Lest den Comic und die Sätze 1 bis 6. Was sagt und denkt Kim bei welchem Bild? Ordnet zu.

1. Ich will im Wald Müll sammeln, damit der Wald sauber bleibt.
2. Ich will den Bürgermeister auf die Probleme der Radfahrer hinweisen. Er soll sich für mehr Radwege einsetzen.
3. Ach, keine Ahnung. Erst mal chillen. Ich brauche viel Energie für meine Pläne.
4. Ich möchte zur Demo gehen, damit die Politiker endlich auf uns hören.
5. Ich werde Klassensprecherin. Dann engagiere ich mich für meine Klasse.
6. Ich will mich auch engagieren.

b Was denkt Kim? Was macht sie am Ende? Sprecht zu zweit und erzählt den Comic.

Kim will sich engagieren.

Sie hat viele Ideen. Sie will …

c Lest den Grammatikkasten. Was ist die Aktion, was ist das Ziel? Ergänzt.

G

Ziele ausdrücken: Nebensatz mit *damit*

Kim will im Wald Müll sammeln.	Der Wald bleibt sauber.
Kim will im Wald Müll sammeln,	**damit** der Wald sauber bleibt.
Kim muss chillen.	Sie hat mehr Energie für ihre Pläne.
Kim muss chillen,	**damit** sie mehr Energie für ihre Pläne hat.

d Welche Ziele haben Kim, Marie und Henri? Ordnet zu und formuliert Sätze mit *damit*. Sprecht zu zweit und schreibt die Sätze dann ins Heft.

1. Kim möchte den Bürgermeister auf die Probleme der Radfahrer hinweisen.
2. Kim will Klassensprecherin werden.
3. Kim muss chillen.
4. Marie will Mitglied in einer Umweltgruppe werden.
5. Henri informiert seine Freunde über die Fahrraddemo.

A Sie kann sich mehr für die Umwelt engagieren.
B Er engagiert sich für mehr Radwege.
C Alle kommen mit dem Rad und fahren mit.
D Sie hat mehr Energie für ihre Pläne.
E Sie kann sich für ihre Klasse einsetzen.

Kim möchte den Bürgermeister auf die Probleme der Radfahrer hinweisen, damit er …

Florian wollte Klassensprecher werden, um …

11

3 **a** **Klassensprecher – Welche Eigenschaften müssen sie haben? Welche Aufgaben haben sie? Ergänzt in Gruppen.**

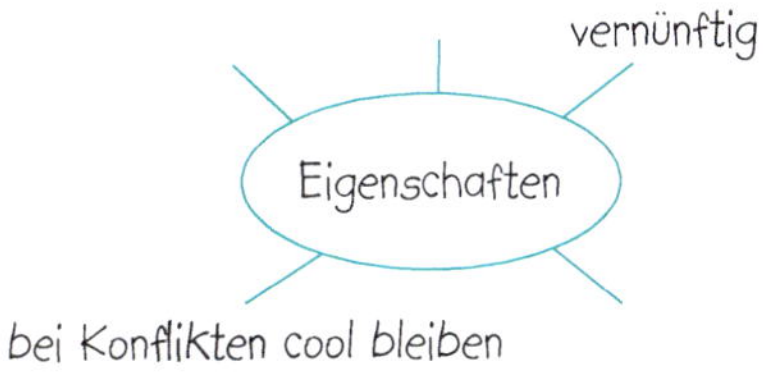

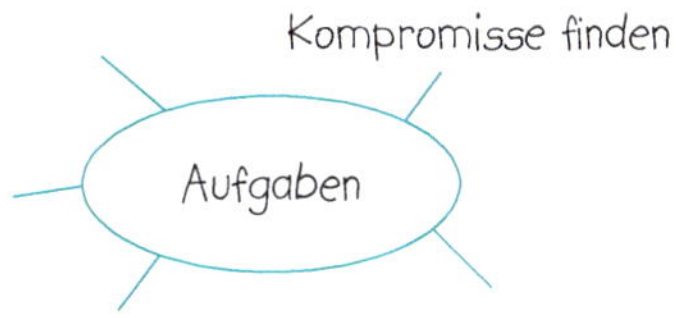

b **Arbeitet in Gruppen und einigt euch auf die drei wichtigsten Eigenschaften und Aufgaben. Vergleicht dann eure Ergebnisse in der Klasse.**

Ich finde es am wichtigsten, dass sie mutig sind und …

2.32 **c** **Hört eine Schulhofumfrage zum Thema Klassensprecher. Welche Aufgaben und Ziele nennen Florian und Clara? Wählt aus.**

✦ A Mitschülern bei Problemen mit den Lehrern helfen ✦ B die Klassenversammlung leiten ✦ C mit den Lehrern und dem Direktor über das Thema Lieblingsschüler sprechen ✦ D sich für gerechtere Noten einsetzen ✦ E die Atmosphäre in der Klasse verbessern ✦ F für besseres Essen in der Mensa kämpfen ✦ G für mehr Parkplätze für Mofas und Motorroller kämpfen ✦ H interessante Projekte vorschlagen und organisieren ✦

G11 **d** **Wozu wollte Florian Klassensprecher werden? Formuliert Sätze mit *um – zu*. Sprecht in Gruppen und schreibt dann die Sätze ins Heft.**

G

Ziele ausdrücken: Infinitivsatz mit *um – zu*

Aktion	Ziel
Florian wollte Klassensprecher werden.	Er möchte Mitschülern bei Problemen mit den Lehrern helfen.
Florian wollte Klassensprecher werden,	**um** Mitschülern bei Problemen mit den Lehrern zu helfen.

Florian wollte Klassensprecher werden, um mit den Lehrern und …

e **Und ihr? – Ergänzt die Sätze mit *damit* oder *um – zu*. Werft eine Münze. Kopf = *damit*, Zahl = *um – zu*.**

Ich engagiere mich für die Umwelt, …
Ich mache meine Hausaufgaben, …
Ich bespreche Probleme mit meinen Eltern, …
Ich helfe meiner Freundin bei Chemie, …
Ich spare mein Taschengeld, …
Ich beteilige mich am Unterricht, …

Ich engagiere mich für die Umwelt, damit wir auch in Zukunft gut auf der Erde leben können.

um – zu* oder *damit
Die Bedeutung von *damit* und *um – zu* ist gleich. Wenn die Subjekte verschieden sind, verwendet man *damit*.

Tipp!

W-Fragen helfen dir, die wichtigsten Informationen eines Textes zu verstehen.

4 a Arbeitet zu dritt. Jeder liest einen Text und notiert die wichtigsten Informationen: Wer? Was? Warum? . . .

Emma, 9. Klasse

Vor einem halben Jahr wurde an meiner Schule eine Öko-Gruppe gegründet und da bin ich aktiv. Ich denke oft über die Zukunft nach und es macht mir ein bisschen Angst, was mit unserer Natur passiert. Sie wird immer mehr zerstört. In der Umweltgruppe überlegen wir, wie die Schule umweltfreundlicher wird. Unser Ziel ist es, die Auszeichnung „Umweltschule in Europa" zu erhalten. Eine Idee ist, dass es in jeder Klasse zwei „Umweltchefs" geben soll. Sie kontrollieren, dass das Licht nach dem Unterricht ausgemacht wird oder die Heizung nicht läuft, wenn das Fenster auf ist. Und wir haben uns entschlossen, den Müll in der Schule zu reduzieren, und suchen nach Ideen, wie man weniger Papier verbrauchen kann. Ich ärgere mich über Schüler, denen das völlig egal ist und die keine Rücksicht nehmen, also z. B. ihren Müll einfach auf die Straße werfen. Aber ich freue mich über die ganzen positiven Rückmeldungen, die wir bekommen, und hoffe, dass sich in Zukunft noch mehr Menschen für die Umwelt einsetzen werden. Wir müssen endlich aufwachen und mehr tun!

Tarik, 10. Klasse

Ich wollte irgendetwas Sinnvolles tun und als meine Tanzlehrerin mich gefragt hat, ob ich bei dem Projekt mitmachen will, habe ich sofort Ja gesagt. Ich interessiere mich schon lange für Musik und Tanz und mache seit Jahren Hip-Hop. Jetzt gehen wir einmal pro Woche in eine Flüchtlingsunterkunft, bringen Musik und Lautsprecher mit und üben mit den Kindern Hip-Hop. Es ist schön zu sehen, wie viel Freude es den Kindern macht, wenn sie etwas Neues gelernt haben und Fortschritte machen. Ich glaube, das Tanzen macht sie fröhlicher und selbstbewusster. Wir loben die Kinder auch oft. Natürlich ist es auch nicht immer einfach, aber dann kann ich mit dem Betreuer des Projekts, einem Sozialarbeiter, sprechen. Zusammen fallen uns oft gute Lösungen ein. Ich will später auch beruflich etwas mit Tanz machen. Ich träume von einer eigenen Tanzschule und da ist die Arbeit mit den Kindern schon mal eine gute Erfahrung. Außerdem finde ich, jeder sollte etwas für die Gesellschaft tun.

Greta, 9. Klasse

Ich bin jetzt in der neunten Klasse und seit diesem Schuljahr sogenannte Tutorin. Ich kümmere mich zusammen mit drei anderen Tutoren um eine 5. Klasse. Die Kinder sind dieses Jahr neu an unsere Schule gekommen und ich kann mich noch gut an meine Anfangszeit hier in der Schule erinnern. Man kennt fast niemanden, das Gebäude ist so groß und man hat plötzlich viele neue Fächer. Alles ist ganz anders als in der Grundschule. Deshalb sind Tutoren hier an der Schule üblich. Wir helfen den Fünftklässlern und unterstützen sie. Wir unternehmen in der Freizeit viel mit ihnen, sodass sie sich auch untereinander besser kennenlernen. Und auch in der Schule können sie in den Pausen immer zu uns kommen, wenn sie Hilfe brauchen oder Fragen haben. Mir macht das Spaß und ich freue mich schon auf den Ausflug, den wir morgen zusammen machen. Wir gehen zum Bowling und hinterher Eis essen.

b Schließt die Bücher und berichtet den anderen über eure Person.

c Lest jetzt alle Texte. Lest dann abwechselnd die Fragen vor. Die anderen antworten.

1. Worüber denkt Emma oft nach?
2. Wofür interessiert sich Tarik?
3. Um wen kümmert sich Greta?
4. Über wen ärgert sich Emma manchmal?
5. Mit wem spricht Tarik, wenn es Probleme gibt?
6. Woran erinnert sich Greta gut?
7. Worüber freut sich Emma?
8. Wovon träumt Tarik?
9. Worauf freut sich Greta?

Worüber denkt Emma oft nach?

Sie denkt oft über die Zukunft nach.

d **Welches Engagement findet ihr am interessantesten? Wo könntet ihr euch engagieren? Sprecht zu dritt.**

5

a **Formuliert fünf Fragen und macht ein Interview mit einem Partner / einer Partnerin. Berichtet dann in der Klasse.**

✦ träumen von ✦ denken an ✦ sich freuen auf/über ✦ sich interessieren für ✦ sich ärgern über ✦ sich kümmern um ✦ sich erinnern an ✦ nachdenken über ✦ sprechen mit/über ✦ sich streiten mit/über ✦

Über wen ärgerst du dich oft?

Ich ärgere mich manchmal über meinen Bruder. Und du?

G

Fragewörter mit Präposition

Dinge/Ereignisse
Worüber denkst du oft nach?
Wofür interessierst du dich?

Personen
Über wen ärgerst du dich oft?
Mit wem sprichst du über Probleme?

Wenn die Präposition mit einem Vokal beginnt, brauchst du ein r → worüber, woran, worauf, …

b **Lest die Meinungen im Schülerforum. Wofür stehen die markierten Wörter? Sprecht in der Klasse.**

Viele in meiner Klasse interessieren sich nicht für Politik. Ich finde Politik wichtig und denke, Jugendliche sollten sich **dafür** interessieren. Wie soll man sonst mit 18 wählen, wenn man keine Ahnung hat? *Karl, 17*

Der Klimawandel ist für uns Jugendliche eindeutig ein wichtiges Thema und wir sollten auch in der Schule mehr **darüber** diskutieren. Dann können wir auch überlegen, was wir **dagegen** machen können. *Ella, 15*

Schule und gute Noten sind wichtig. **Darum** müssen sich Schüler kümmern. Da bleibt keine Zeit mehr, sich irgendwo zu engagieren. Das kann man auch später noch machen. *Zoe, 18*

Jede Schule braucht Schulkonferenzen. **Daran** sollten Schüler, Lehrer und die Schulleitung teilnehmen. Schüler sollen gleichberechtigt sein und mitbestimmen dürfen. Und zusammen kann man überlegen, was man in der Schule verbessern kann. *Ilias, 16*

Das Wort „dafür“ steht für Politik.

c **Diskutiert über die Meinungen in 5b. Wen versteht ihr am besten, wen am wenigsten? Begründet.**

d **Arbeitet zu viert und ergänzt die Fragen. Schreibt sie auf Karten. Jeder wählt zwei Fragen. Geht durch die Klasse und fragt euch gegenseitig, tauscht dann eure Karten. Antwortet mit Pronomen.**

1. Interessierst du dich für …?
2. Träumst du manchmal von …?
3. Freust du dich auf …?
4. Denkst du oft über … nach?
5. Diskutierst du mit … über …?
6. Ärgerst du dich manchmal über …?
7. Kümmerst du dich gern um …?
8. Erinnerst du dich an …?

G

Pronomen mit Präposition

Dinge/Ereignisse
Interessierst du dich für Politik?
Politik? **Dafür** interessiere ich mich nicht.

Personen
Diskutierst du oft mit deinen Freunden?
Natürlich diskutiere ich oft **mit ihnen**.

e **Was ist eure Meinung zum Thema Politik und/oder Engagement? Schreibt einen kurzen Text wie die Schüler in 5b.**

6 **a** **Jugendparlament – Was macht ein Jugendparlament? Sammelt in der Klasse Vermutungen.**

2.33 **b** **Hört das Interview mit Adelina. Notiert die Antworten auf die Fragen und vergleicht in der Klasse.**

1. Wo gibt es Jugendparlamente?
2. Wie viele Mitglieder hat das Jugendparlament?
3. Wie wird man Mitglied im Jugendparlament?
4. Was macht man im Jugendparlament?
5. Warum ist Adelina im Jugendparlament aktiv?
6. Was will das Jugendparlament in Adelinas Stadt verändern?

c **Ein Schüler / Eine Schülerin aus eurer Klasse hat nicht zugehört. Fasst zu zweit die wichtigsten Informationen aus dem Interview für ihn/sie in eurer Muttersprache zusammen.**

d **Was würdet ihr in eurer Stadt für Jugendliche verbessern? Sammelt in Gruppen Ideen und erstellt ein Plakat. Präsentiert eure Ideen in der Klasse.**

7 **a** **Die Sportanlage ist so alt, dass … – Arbeitet zu zweit und lest die Sätze abwechselnd. Was passt zusammen?**

1. Die Sportanlage im Park ist so alt,
2. Wir haben kein Jugendzentrum,
3. Die Preise für Kinos und Konzerte sind so hoch,
4. Wir haben in der ganzen Stadt zu wenig Radwege,
5. Das Hallenbad ist so klein,
6. Wir möchten modernere Schulen,

A dass viele Jugendliche sie sich nicht leisten können.
B sodass Lernen mehr Spaß macht.
C dass es nicht genug Platz für alle gibt.
D dass man sie nicht mehr nutzen kann.
E sodass Fahrradfahren gefährlich ist.
F sodass die Jugendlichen keinen Treffpunkt haben.

G

Folgen ausdrücken: Nebensatz mit *sodass* / *so – dass*

Wir haben kein Jugendzentrum, **sodass** die Jugendlichen keinen Treffpunkt haben.

Die Sportanlage ist **so** alt, **dass** man sie nicht mehr nutzen kann.
(Adjektiv)

b **Probleme in der Schule – Arbeitet zu zweit und ergänzt die Sätze. Sprecht zuerst und schreibt die Sätze dann ins Heft.**

1. Der Sportplatz ist so alt, dass …
2. Das Essen in der Mensa ist nicht gut, sodass …
3. Es gibt zu wenige Abfalleimer auf dem Schulhof, sodass …
4. In manchen Räumen hört man den Straßenlärm so laut, dass …
5. Tablets sind so teuer, dass …

8 **In einem Internetforum gibt es eine Diskussion zum Thema „Politik und Jugendliche". Schreibt einen Beitrag für die Schülerzeitung eurer Schule.**

Nora: Ich finde es wichtig, dass sich auch junge Leute für Politik interessieren. Sonst weiß man ja gar nicht Bescheid, wenn man 18 ist und wählen darf.

Till: Wenn man sich für nichts interessiert und sich nicht engagieren will, dann braucht man sich auch nicht zu beschweren. Man kann Dinge nur verändern, wenn man etwas tut. Das steht fest.

Anna: Ich bin an unserer Schule aktiv und versuche, mit anderen Schülern gemeinsam Dinge zu verbessern. Natürlich ist das auch Arbeit, aber man kann zusammen auch etwas erreichen.

Tomas: Ich finde Politik langweilig und interessiere mich überhaupt nicht dafür. Das entscheiden ja sowieso alles die Erwachsenen. Jugendliche können da nicht mitreden.

Bearbeitet in eurem Beitrag die folgenden drei Punkte:

- Gebt alle vier Aussagen aus dem Internetforum mit eigenen Worten wieder.
- Interessieren sich die Jugendlichen in eurem Land für Politik?
- Wie ist eure Meinung dazu? Begründet eure Meinung ausführlich.

Seine Meinung/Überzeugung ausdrücken

Ich bin überzeugt, dass …	Ich bin ganz sicher, dass …	Ich stehe auf dem Standpunkt, dass …
Es ist klar, dass …	Ich halte es für richtig/falsch, dass …	

9 **a** **Sag mal … Mehrere Konsonanten hintereinander – Hört und sprecht nach.**

2.34

der Liebli**ngsschü**ler – der Fü**nftkl**ässler – je**tzt** – das Mi**tgl**ied – die Bundeska**nzl**erin – der Rei**chst**ag – die E**ntsch**uldigung – der Pa**rkpl**atz

b **Kennt ihr noch mehr Wörter mit drei oder mehr Konsonanten hintereinander? Sammelt zu zweit fünf weitere Wörter und schreibt sie auf Karten. Übt die Wörter.**

c **Tauscht eure Karten mit einem anderen Paar und übt die neuen Wörter.**

10 **Freie Wahl – A, B oder C?**

A Spielt in der Gruppe. A beginnt einen Satz und wirft einen Ball zu B. B beendet den Satz mit *damit* oder *um – zu*. Dann wirft B den Ball usw.

Ich lerne die Wörter, damit ich eine gute Note bekomme. Ich …

B Wörter raten – Sucht Wörter aus dem Kapitel. Schreibt dann die Wörter abwechselnd langsam an die Tafel. Die anderen raten. Wer weiß das Wort zuerst?

C Verbesserung des Schulalltags. Wählt ein Thema und diskutiert in Gruppen.
- Angebote für die Mittagspause (Sport, Entspannung, …)
- Schönere Klassenzimmer
- Hilfe für schwache Schüler
- …

Was kann ich nach Kapitel 11?

Wortschatz / Redemittel

Politik in Deutschland
die Politik, der Politiker / die Politikerin, die Partei, die Bundesrepublik, die Regierung, das Parlament, der Bundestag, das Gesetz, der Bundeskanzler / die Bundeskanzlerin, derBundespräsident / die Bundespräsidentin, das Bundesland, die Europäische Union (EU)

Schreibt fünf Wörter, die mit *Bundes-* anfangen.

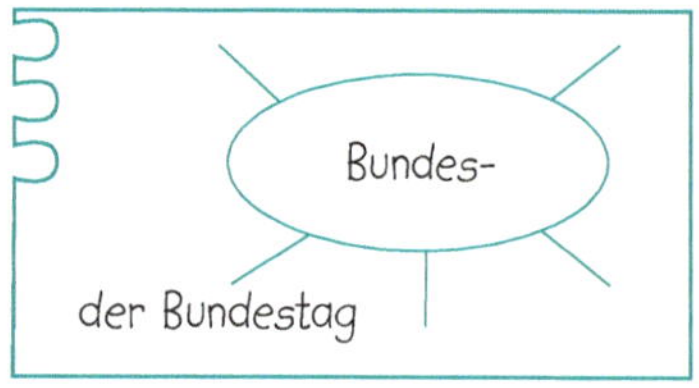

Seine Meinung/Überzeugung ausdrücken
Ich bin überzeugt, dass …
Es ist klar, dass …
Ich bin ganz sicher, dass …
Ich halte es für richtig/falsch, dass …
Ich stehe auf dem Standpunkt, dass …

Sich in der Schule engagieren – Sagt eure Meinung.

Ich bin überzeugt, dass alle Schüler …

Grammatik

Ziele ausdrücken: Sätze mit *damit* und *um – zu*

Kim will im Wald Müll sammeln, **damit** der Wald sauber bleibt.

Florian wollte Klassensprecher werden, **um** Mitschülern **zu** helfen.

Bildet Sätze mit *damit* oder *um – zu*.
1. Ich lerne Deutsch. Ich studiere später in Deutschland.
2. Ich bringe meiner kranken Freundin viel Obst mit. Sie wird schnell wieder gesund.
3. Ich lerne viel. Ich bekomme eine Eins im Test.

Fragewörter mit Präposition
Dinge/Ereignisse
Worüber denkst du oft nach?
Personen
Mit wem sprichst du über Probleme?

Ergänzt die Fragen. Fragt und antwortet abwechselnd.
1. ___ interessierst du dich?
2. ___ diskutierst du oft?
3. ___ hast du dich heute geärgert?
4. ___ musst du dich heute noch kümmern?

Pronomen mit Präposition
Dinge/Ereignisse
Politik? **Dafür** interessiere ich mich nicht.
Personen
● Diskutierst du oft mit deinen Freunden?
○ Natürlich diskutiere ich oft **mit ihnen**.

Antwortet mit Pronomen + Präposition.
1. Denkst du oft über Umweltprobleme nach?

Umweltprobleme? Darüber denke ich nicht nach.

2. Erinnerst du dich an Lisas Party?
3. Freust du dich schon auf den Schulausflug?

Folgen ausdrücken: Sätze mit *sodass* / *so – dass*

Wir haben kein Jugendzentrum, **sodass** die Jugendlichen keinen Treffpunkt haben.

Die Sportanlage ist **so** alt, **dass** man sie nicht mehr nutzen kann.

Verbindet die Sätze.
1. Wir haben so viele Hausaufgaben. Wir können nicht chillen.
2. Wir haben keine Hausaufgaben. Wir haben viel Zeit für unsere Hobbys.

Ist das Kunst oder …? 12

A Jannik skatet

B Paula lernt, Porträts zu zeichnen

C Mia fotografiert und filmt

D Sinan sprayt in der Schul-AG Graffiti

E Sophie tanzt

F Florian spielt Gitarre und schreibt Songs

1 **a** **Seht die Fotos an. Ist das für euch Kunst? Warum (nicht)? Begründet eure Meinung.**

> Ich finde, Skaten ist Kunst. Die Tricks sind total …

2.35 **b** **Hört die Statements. Was sagen die Jugendlichen selbst über ihre Hobbys?**

> Jannik findet, dass Skaten …

c **Was ist noch alles Kunst? Welche Kunstformen mögt ihr gern, was macht ihr selbst? Sprecht in Gruppen.**

d **Arbeitet zu zweit. Wählt eine Kunstform, die ihr gern mögt, und schreibt zu diesem Wort ein Wortgedicht wie im Beispiel. Präsentiert das Ergebnis in der Klasse.**

> Also, Comics lese ich gewöhnlich auf der Couch. Ich lese oft Comics.

C ouch
O ft
M …
I …
C …
S …

Das lernen wir: über Kunst sprechen und ein Bild beschreiben | (irreale) Vergleiche äußern | über einen literarischen Text sprechen | eine Schulumfrage verstehen | Einschränkungen ausdrücken | **Grammatik:** *als ob* + Konjunktiv II | Doppelkonnektoren: *je – desto/umso* | *zwar – aber* | *lassen* + Infinitiv | **Aussprache:** Satzmelodie bei *zwar – aber, je – desto/umso*

Sieh mal ...

2 **a** **Seht das Bild an und überlegt euch einen Titel.**

b **Lest jetzt die Sätze 1 bis 8. Richtig oder falsch? Korrigiert die falschen Sätze.**

1. Im Vordergrund geht eine Frau mit Fahrrad.
2. Die Frau in der Mitte trägt drei Taschen.
3. Die Leute auf dem Bild tragen warme Kleidung.
4. Im Hintergrund sieht man Häuser.
5. Auf der Straße sieht man nur wenige Menschen.
6. Links stehen zwei Jungen und unterhalten sich.
7. Vorne links geht ein Mädchen mit einem Rucksack.
8. Auf dem Bild gibt es keine Hunde.

Positionen nennen

im Hintergrund / hinten

links — in der Mitte — rechts

im Vordergrund / vorn(e)

c **Ein Bild beschreiben. Was könnt ihr sehen und entdecken? Sprecht zu zweit über das Bild in 2a und ordnet zu. Manchmal gibt es mehrere Möglichkeiten.**

1. Das Bild zeigt …
2. Rechts …
3. Das Bild sieht so aus, als ob …
4. Auf dem Bild erkennt man, dass …
5. Die Personen auf dem Bild …
6. In der Mitte sieht man …
7. Links …
8. Wenn man genau hinsieht, dann …
9. Man hat das Gefühl, als ob …
10. Im Hintergrund sieht man …
11. In der Mitte …

A bunte Häuser.
B eine Frau mit Taschen, die es eilig hat.
C erkennt man Striche und Farben.
D es eine Fotografie wäre.
E es warm ist.
F gehen die Leute in der Sonne.
G geht eine Frau in einem rosa Kleid.
H man selbst auf der Straße stehen würde.
I steht ein Paar.
J tragen Sommerkleidung.
K viele Menschen in der Stadt.

Das Bild zeigt viele Menschen in der Stadt.

d **Wählt eine Person aus. Überlegt euch Antworten zu den W-Fragen und macht Notizen. Schreibt dann einen kurzen Text über eure Person aus dem Bild.**

Wie heißt er/sie? | Wie alt ist er/sie? | Was macht er/sie in der Stadt?

Woher kommt er/sie gerade? | Wohin will er/sie gehen? | Was denkt/sagt/... er/sie?

A

B

C

> Das ist Eva. Eva ist 10 Jahre alt. Heute ist sie mit der U-Bahn in die Stadt gefahren, weil sie ...

Es sieht so aus, als ob ...

3 **a** **Wofür verwendet man *als ob* ...? Wählt A oder B und begründet.**

Das Bild sieht so aus, als ob es ein Foto wäre.

A Das Bild ist wirklich ein Foto.
B Das Bild ist kein Foto.

Man hat das Gefühl, als ob man selbst auf der Straße stehen würde.

A Man steht tatsächlich auf der Straße.
B Man steht nicht auf der Straße.

G

Irreale Vergleiche ausdrücken mit *als ob* + Konjunktiv II

1. Man hat das Gefühl, **als ob** die Szene leben **würde**. (Sie lebt aber nicht.)
2. Es sieht so aus, **als ob** die Menschen lebendig **wären**. (Sie sind es aber nicht.)

Irreale Vergleichssätze stehen nach Verben des Fühlens, Wahrnehmens und Verhaltens: Ich fühle mich, ... / Es hört sich so an, ... / Er benimmt sich, ...

b **Ergänzt die Sätze und sprecht zu zweit.**

A

Unser Kunstlehrer benimmt sich immer, als ob ...

B

Dein Elefant sieht aus, als ob ...

C

Der Schauspieler tut so, als ob ...

D

Jasmin zieht sich immer an, als ob ...

Lust auf Lesen?

4 **a** **Lest ihr gern? Was lest ihr gern? Berichtet.**

2.36 **b** **Hört die Umfrage. Was sagen die Jugendlichen zum Thema Lesen? Ordnet zu.**

1. Anja: **Je** mehr Bücher wir im Unterricht lesen,
2. Damir: **Je** länger ich in einem Buch lese,
3. Celia: **Je** mehr ich über ein Buch weiß,
4. Konrad: **Je** mehr Zeit ich habe,

A **desto** mehr fühle ich wie die Figuren.
B **desto** weniger Spaß habe ich an Literatur.
C **desto** öfter lese ich.
D **desto** interessanter finde ich es.

c **Und ihr? Ergänzt zu zweit. Sprecht die Sätze und schreibt sie dann ins Heft.**

✦ länger ✦ lieber ✦ mehr ✦ weniger ✦ spannender ✦ interessanter ✦ langweiliger ✦ müder ✦ … ✦

1. Je dicker das Buch ist, desto …
2. Je mehr Bücher wir in der Schule lesen müssen, desto …
3. Je mehr ich über den Autor / die Autorin weiß, desto …
4. Je spannender ein Buch ist, desto …
5. Je länger ich nachts lese, desto …
6. Je toller ich den Held / die Heldin finde, desto …

> **G**
> **Vergleiche ausdrücken: Doppelkonnektor *je – desto/umso***
>
> **Je dicker** das Buch (ist), **desto anstrengender** (finde) ich das Lesen.
>
> **Achtung!** Nach *je* und *desto/umso* steht immer der Komparativ.

Je dicker das Buch ist, desto weniger interessiert es mich.

Echt? Ich mag dicke Bücher.

5 **a** **Lest die Buchbeschreibung und seht das Buchcover an. Welche Informationen bekommt ihr? Sammelt und sprecht in der Klasse.**

In „Morgen ist woanders“ erzählt die Österreicherin Elisabeth Etz vom 17-jährigen Jakob. Seine Eltern leben getrennt. Mart, der neue Partner seiner Mutter, nervt ihn so, dass Jakob irgendwann einfach wegläuft. Zuerst geht er zu seinem Vater, doch der will nichts von ihm wissen. Trotzdem erzählt Jakob zu Hause, dass er ab jetzt bei ihm wohnt. Auch bei Freunden kann er nicht bleiben. Wohin also? Im Internet findet er die Lösung. Couchsurfing. Jakob nennt sich Jeremy, zumindest in der Online-Community *It's Your Home*, wenn er bei fremden Menschen eine Unterkunft sucht. So gelingt ihm das Weglaufen in der eigenen Heimatstadt Wien.

Am Tag ist alles wie gewohnt. Jakob ist Jakob, geht zur Schule, lernt und bekommt gute Noten. Aber danach ist Jakob Jeremy, schläft hier und dort und hat ein aufregendes Leben. Nadine aus der Parallelklasse interessiert sich plötzlich für ihn, weil er so viele Abenteuer erlebt. In der Schule wetten die Klassenkameraden, ob Jakob/Jeremy dieses Doppelleben bis zu den Sommerferien schafft. Das neue Leben ist jedoch nicht nur toll, Jakob kommt schnell an Grenzen. Das Spiel mit den zwei Persönlichkeiten wird zu einer großen Herausforderung. Er hat Geldsorgen und fürchtet, dass seine Mutter die Wahrheit bemerkt. Außerdem gibt es immer öfter Nächte, in denen er nirgendwo einen Platz zum Schlafen findet.

> **Über einen literarischen Text sprechen**
>
> Der Titel des Buches ist …
> Der Autor / Die Autorin heißt …
> … hat das Buch geschrieben.
>
> In dem Text/Buch/Roman geht es um …
> Dieser Text handelt von …
> Die Hauptfigur / Der Held / Die Heldin ist …
>
> Zuerst … Dann …

Die Autorin Elisabeth Etz hat …

b **Findet ihr das Thema interessant? Warum (nicht)? Sprecht zu zweit.**

c **Welches Buch habt ihr zuletzt gelesen? Macht Notizen. Beschreibt dann einem Partner / einer Partnerin das Buch auf Deutsch.**

Titel:	Autor(in):	Hauptfigur(en):	Handlung:

d **Schreibt eine kurze Zusammenfassung zu eurem Buch auf Deutsch.**

6

a **Lest eine Textstelle aus dem Roman „Morgen ist woanders“ und antwortet auf die Fragen 1 bis 4. Vergleicht in der Klasse.**

1. Wo sind Jakob und Lukas?
2. Wie lebt Jakob im Moment?
3. Wie findet Lukas das?
4. Was denkt Jakob über sich selbst?

Inzwischen sind wir alleine in der Aula.

„So“, sagt Lukas. „Wer ist Andi? Was willst du mir erzählen?“ Ich sehe auf die Uhr. Wir kommen zu spät. „Bei dem wohn ich grad“, erkläre ich, während ich langsam in Richtung Klasse gehe. „Wie, wohnst du grad? Ist Andi der Neue deiner Mutter? Hat sie Mart endlich rausgeschmissen?“ Bei dem Gedanken muss ich lachen. „Schön wär's, aber das macht die doch nie. Ich habe mich selbst rausgeschmissen. Quasi. Und jetzt wohn ich bei Andi. Sagt dir *It's Your Home* was?“

„Schon mal gehört.“ Und anstatt mich zu beeilen, um nicht allzu spät nach dem Läuten in der Klasse zu sein, erzähle ich Lukas von *IYH*, Jeremy und Andi *blueballoon*. Davon, dass ich nicht mehr nach Hause zurückgehe. Meinen Vater erwähne ich nicht. (…)

„Ich glaub's nicht. Das ist sowas von genial. (…) Wie fällt einem so etwas ein?“

Das weiß ich eigentlich auch nicht. Wie fällt einem so etwas ein?

„Da muss man schon verdammt cool sein.“ (…)

„Wie lange willst'n das durchhalten?“

„Puh, frag mich das nicht. Ich schau mal, wie's läuft. Momentan läuft's ziemlich gut.“

Lukas sieht mich anerkennend an. „Ich hätte mir echt nicht gedacht, dass …“

„Was hättest du nicht gedacht?“

Er sieht zu Boden. (…) Ich weiß, was ihm auf der Zunge liegt. (…) „Dass so einer wie ich so was macht“, vervollständige ich den Satz. „Meinst du das?“

Lukas nickt verlegen. „Also nicht, dass du sonst nicht cool bist.“

Aber genau das ist es. Ich bin nicht cool. Ich bin nichts Besonderes. War ich nie. War immer der, der halt so mitläuft bei allem. Bis jetzt.

b **Lest einen weiteren Textabschnitt. In welcher Situation ist Jakob/Jeremy? Sprecht in der Klasse.**

Um halb eins spuckt das Kino mich mitsamt meinem großen Rucksack aus. (…) Ratlos stehe ich vor dem Kino und betrachte die Schneeflocken, die nicht aufhören wollen, langsam und leise vom Himmel zu fallen. Jeremy würde sich über den Schnee freuen. (…) Wäre Wochenende, könnte ich die ganze Nacht U-Bahn fahren. Aber unter der Woche geht um halb eins die Letzte und alle Stationen werden zugesperrt. Ich reibe mir die Hände und schüttle mich. Irgendwo muss ich hin. Wenn ich hier noch weiter rumstehe, verkühle ich mich womöglich noch. Ich sollte mir nicht überlegen, was Jakob jetzt machen würde, der einfach nur ein warmes Bett will und keines hat, sondern was Jeremy jetzt macht. Jeremy ist erst seit kurzem in Wien. Es ist nach Mitternacht und die Stadt liegt still und weiß vor ihm. Es gibt keinen schöneren Moment, um Sightseeing zu machen, oder? Schließlich ist er nur wenige Minuten von der Ringstraße mit ihren Prachtbauten entfernt. (…)

Ich lächle. Die Idee gefällt mir. (…) Vergesse, dass mir kalt ist, ich müde bin und sauer auf Lukas. Weil Jeremy sein Handy aus der Jackentasche zieht und zu fotografieren beginnt. (…)

Ich habe alle Zeit der Welt, um die besten Nacht-Schnee-Fotos zu machen. Sieben Stunden, um genau zu sein. Dann muss Jakob in der Schule sitzen.

c **Lest noch einmal und sucht: Was fühlt Jakob in dem Moment, was fühlt Jakob als Jeremy? Macht zu zweit Notizen. Vergleicht dann in der Klasse.**

Jakob:	ratlos, er friert, …
Jeremy:	

d **In Jakobs Klasse läuft eine Wette: Schafft er es, sein Doppelleben bis zu den Sommerferien zu führen? Was denkt ihr? Überlegt euch in Gruppen ein Ende und erzählt es in der Klasse.**

Die Kunstwoche

7 **a** **Kunst in der Schule – Seht die Bilder zu den Projekten an. Welche Wörter passen zu den Aktivitäten? Erklärt die Wörter zu zweit, benutzt auch das Wörterbuch. Ordnet dann zu und vergleicht in der Klasse.**

✦ die Maschine ✦ die Akrobatik ✦ der Beat ✦ die Figur ✦ das Werkzeug ✦ die Bühne ✦ der Stein ✦ die Rolle ✦ das Studio ✦ die Skulptur ✦ das Kostüm ✦ die Aufnahme ✦ die Probe ✦ der Zirkus ✦ der Rap ✦ das Theaterstück ✦

Deniz

A 

B 

Johann

C 

Natalie

D 

Jessy

2.37 **b** **Hört die Umfrage im Schulradio. Wer macht welches Projekt? Wie hat es den Schülerinnen und Schülern gefallen? Warum? Macht Notizen.**

Wer?	Was?	Wie gefallen?	Warum?
Johann	ein Theaterstück aufführen		

c **Vergleicht und ergänzt eure Notizen zu zweit. Welches Projekt findet ihr am besten? Welche Projekte sollte man in einer Kunstwoche zusätzlich anbieten? Sprecht in der Klasse.**

8 **a** **Zwar nett, aber langweilig – Lest die Sätze. Zu welcher Person aus 7b passen die Aussagen?**

1. Sie fand die Übungen zwar ganz nett, aber auch langweilig.
2. Ihm gefällt sein Projekt zwar, aber sie hatten zu wenig Zeit.
3. Es war zwar viel Arbeit, aber es hat ihr viel Spaß gemacht.
4. Sie brauchten zwar viele Proben, aber jetzt ist der Rap richtig gut.

G

Einschränkungen ausdrücken: Doppelkonnektor *zwar – aber*

Die Übungen waren ganz nett. Manchmal waren sie auch langweilig.

Die Übungen waren **zwar** ganz nett,
aber manchmal waren sie auch langweilig.

Zwar stellt etwas fest, *aber* schränkt die Feststellung ein.

b **Verbindet die Sätze mit *zwar – aber*. Die Sätze in 8a helfen. Sprecht erst zu zweit, schreibt dann die Sätze auf.**

1. Natalie ist körperlich nicht so fit. Sie konnte einfache Übungen mitmachen.
2. Deniz und seine Freunde haben ihren Rap selbst aufgenommen. Ihr Musiklehrer hat ihnen im Studio geholfen.
3. Die Theatergruppe hat früh angefangen. Am Ende hatte sie doch Stress.
4. Die Arbeit mit Maschinen war für Jessy neu. Sie hat es schnell gelernt.

9

a **Sag mal … Satzmelodie bei Sätzen mit je – *desto/umso* und *zwar* – *aber* – Hört und lest die Aussagen. Achtet auf die Satzmelodie im ersten und im zweiten Satz. Zeigt die Melodie mit der Hand.**

2.38

1. Das Bild ist zwar schön, aber es ist zu teuer. 2. Je langweiliger ein Film ist, desto schneller werde ich müde.

b **Sprecht die Sätze erst leise und dann laut. Unterstützt die Melodie mit euren Händen.**

1. Ich kann zwar singen, aber ich habe keine Lust auf den Schulchor.
2. Je beliebter eine Band ist, umso teurer sind die Konzerte.
3. Wir nähen unsere Theater-Kostüme zwar selbst, aber sie sehen super aus.
4. Je dicker ein Roman ist, umso weniger Spaß macht das Lesen.

10

a **Die Schüler und die Theaterprofis – Seht die Bilder zu 1A und 1B an, lest die Sätze und erklärt den Unterschied in der Klasse. Ergänzt dann die Sätze 2B und 3B.**

G12

1A Die Schüler schminken sich selbst.

1B Die Schauspieler lassen sich schminken.

G

***lassen* + Infinitiv**
ich lass**e**
du l**ä**ss**t**
er/es/sie l**ä**ss**t**
wir lass**en**
ihr lass**t**
sie/Sie lass**en**

Wir lassen uns fotografieren.

2A Die Schüler bauen die Bühne selbst.

2B Die Regisseurin …

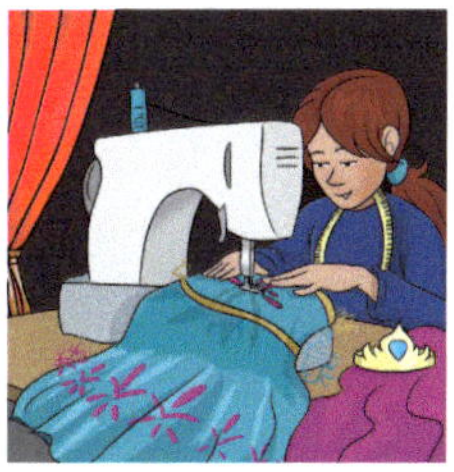

3A Die Schülerin näht ihr Kostüm selbst.

3B Die Schauspielerin …

b **Was lasst ihr machen? Bildet Sätze mit *lassen* und sprecht zu zweit.**

✦ meine Haare schneiden ✦ das Fahrrad reparieren ✦ mich zum Sport fahren ✦ den Test unterschreiben ✦ Fotos für den Pass machen ✦ … ✦

Ich lasse meine Haare schneiden. Und du?

11

Freie Wahl – A, B oder C

A Mein Lieblingsfilm – Arbeitet in Gruppen. Fasst die Handlung von eurem Lieblingsfilm kurz zusammen und berichtet den anderen in der Gruppe, was euch daran so gut gefällt.

B Recherchiert ein Bild oder Foto, das euch gefällt, und bringt es mit. Beschreibt es: Künstler/Titel/Thema/Bildbeschreibung…

C *entweder – oder / sowohl – als auch / nicht nur – sondern auch / zwar – aber / je – desto*
Bildet Sätze zu viert. A beginnt mit einem Satzanfang. Wer zuerst den Satz korrekt ergänzt, bekommt einen Punkt. B macht weiter.

Je spannender ein Film ist, …

Was kann ich nach Kapitel 12?

Wortschatz / Redemittel

Ein Bild beschreiben

	im Hintergrund / hinten	
links	in der Mitte	rechts
	im Vordergrund / vorn(e)	

Über einen literarischen Text sprechen
Der Titel des Buches ist …
Der Autor / Die Autorin heißt …
… hat das Buch geschrieben.
In dem Text/Buch/Roman geht es um … /
Dieser Text / die Erzählung handelt von …
Die Hauptfigur / Der Held / Die Heldin ist …
Zuerst … / Dann …

Sucht ein Foto im Kapitel und beschreibt es.

Im Vordergrund sieht man …

Ordnet die Informationen.

1. Der Buchtitel ist
2. Elisabeth Etz
3. Das Buch handelt von
4. Die Hauptfigur ist
5. Zuerst gefällt ihm sein neues Leben,

A hat den Roman geschrieben.
B der 17-jährige Jakob.
C dann wird es schwieriger.
D „Morgen ist woanders".
E einem Jugendlichen, der wegläuft.

Grammatik

Irreale Vergleiche mit *als ob* + Konjunktiv II

Man hat das Gefühl, **als ob** die Szene leben **würde**. (Sie lebt aber nicht.)

Irreale Vergleichssätze stehen nach Verben des Fühlens, Wahrnehmens und Verhaltens: Ich fühle mich, … / Es hört sich so an, … / Er benimmt sich, …

Was macht der Schauspieler? Formuliert Sätze mit *als ob*.

Er tut so,

Doppelkonnektoren:

Vergleiche mit *je – desto/umso*
Je dicker das Buch ist, **desto anstrengender** finde ich das Lesen.

Achtung! Nach *je* und *desto/umso* immer Komparativ.

Ergänzt zu zweit Adjektive in den Vergleichssätzen. Achtet auf die Form.
Je ___ ich über die Band weiß, desto ___ finde ich die Lieder.
Je ___ eine Malerin ist, desto ___ Geld kosten ihre Bilder.
Je ___ ein Buch ist, desto ___ lese ich.
Je ___ ich für Deutsch lerne, desto ___ kann ich die Sprache.

Einschränkungen mit *zwar – aber*
Die Übungen waren ganz nett. Manchmal waren sie auch langweilig.

Die Übungen waren **zwar** ganz nett, **aber** manchmal waren sie auch langweilig.
Zwar stellt etwas fest, *aber* schränkt die Feststellung ein.

Ergänzt mit *zwar* oder *aber*.

Das Bild ist zwar teuer, aber es ist hässlich.

Das Bild ist zwar teuer, ___.
___, aber ich möchte nicht ins Konzert gehen.
Der Song ist zwar bekannt, ___.
___, aber Skaten ist keine Kunst.

***lassen* + Infinitiv**
Ich male ein Bild. (= Ich male selbst.)

Ich lasse ein Bild malen. (= Eine andere Person malt für mich.)

Was lasst ihr machen? Spielt zu viert. Paar A überlegt eine Szene wie im Beispiel und spielt sie vor. Paar B rät. Dann wechselt ihr.

Dani lässt ihre Haare kämmen?

Genau.

Plateau 4

1 a Lest zuerst alle Sätze (5 Minuten). Was passt zusammen?

b Übt zu zweit mit dem Karussell. Person A liest eine Frage / einen Satz (blau), Person B liest die Antwort (rot). Dann tauscht ihr.

Hast du schon mal eine Bewerbung geschrieben?

Ja, für meinen Ferienjob letzten Sommer.

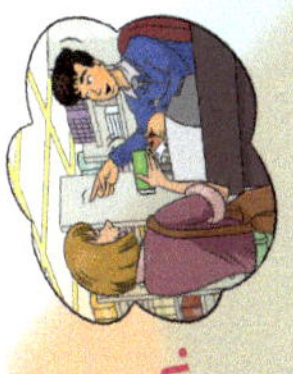

Stimmt. Wir müssen so viel machen, dass keine Zeit zum Chillen bleibt.

Ich mache den Akrobatikkurs. Das ist sicher cool.

Um genug Geld für einen neuen Computer zu haben.

Soll ich meine Haare selbst schneiden?

Damit er sich für seine Klasse engagieren kann.

Welche Eigenschaften braucht man als Krankenschwester?

Siehst du doch, das Geschirr muss abgewaschen werden.

Woran denkst du gerade?

Ja, das will ich werden, seit ich zwölf bin.

Wo willst du dein Praktikum machen?

Man muss hilfsbereit und mitfühlend sein.

Das ist ein Foto, oder?

Die heißen Politiker oder Politikerinnen.

Was soll ich denn tun?

Ja, sonst hat man keine Ahnung, wenn man 18 ist und wählen darf.

Ist Ärztin dein Traumberuf?

Bloß nicht, das geht schief. Lass sie lieber beim Friseur schneiden.

Hast du schon mal eine Bewerbung geschrieben?

Ich? An Ferien und Urlaub. Und du?

Wie nennt man Personen, die ein politisches Amt haben?

Das geht mir genauso. Das ist echt nicht spannend.

Warum wollte Joe Klassensprecher werden?

Ja, für meinen Ferienjob letzten Sommer.

Du sparst? Warum denn?

Für mich nicht. Das ist doch nur Sport.

Ich finde, wir bekommen viel zu viele Hausaufgaben.

Weiß ich nicht mehr. Das ist schon ewig her. Ich sehe lieber Filme

Auch Jugendliche sollten sich für Politik interessieren.

Entweder bei einer Bank oder im Zoo.

Ist Skaten Kunst?

Ich weiß nicht. Akrobatik sieht zwar toll aus, aber es ist so sch

Vermutlich muss man als Aushilfe im Supermarkt nur Regale aufräumen.

Nee, man darf sicher auch an der Kasse arbeiten.

Je länger ich dieses Buch lese, desto langweiliger finde ich es.

Nein. Es sieht nur so aus, als ob es fotografiert wurde.

Was hast du zuletzt gelesen?

Training

2 **Eigenschaften für die Arbeitswelt – Spielt zu viert. Schreibt acht Eigenschaften auf Karten. Tauscht eure Karten mit einer anderen Gruppe. Zieht reihum eine Karte und beschreibt die Eigenschaft. Die anderen raten.**

teamfähig

zuverlässig

Man kann gut mit anderen zusammenarbeiten.

Meinst du teamfähig?

3 a **Was passt zusammen? Ordnet zu. Eine/r spricht den Satzanfang, der/die andere setzt den Satz fort.**

Ich bewerbe mich nicht nur im Supermarkt,	oder wir lernen Spanisch.
Tom ist weder gut in Chemie	aber keine Lust.
Ich esse sowohl Pizza	als auch Rap.
Entweder machen wir Mathehausaufgaben	desto besser werde ich.
Ich lese weder Bücher	sondern auch auf dem Bauernhof.
Ich mag sowohl Hip-Hop	oder du kommst zu mir.
Je bekannter die Musiker sind,	noch Zeitungen.
Je länger ich übe,	sondern auch Musik.
Entweder komme ich zu dir	desto teurer sind Konzerttickets.
Ich habe zwar Zeit zum Aufräumen,	als auch Hamburger.
Ich mache nicht nur Sport,	aber auch sehr kalt.
Der Winter ist zwar schön,	noch in Physik.

2.39 b **Hört die Beispiele und sprecht nach. Achtet auf die Betonung.**

c **Sprecht jetzt zu zweit abwechselnd die vollständigen Sätze und achtet auf die Betonung.**

4 **Was muss hier gemacht werden? – Schreibt zu zweit eine To-do-Liste und formuliert dann abwechselnd Passivsätze mit *müssen*.**

To-do
Müll runterbringen, Klamotten ...

Der Müll muss runtergebracht werden.

Ja, und ...

5 a **Seht die drei Bilder an. Welche Unterschiede gibt es?**

A

B

C

Positionen nennen

im Hintergrund / hinten

links | in der Mitte | rechts

im Vordergrund / vorn(e)

In B stehen die Bäume hinten rechts und ...

2.40 **b** **Drei Personen malen ein Bild – Hört das Gespräch. Welches Bild aus 5a passt zu den Beschreibungen?**

c **Spielt zu dritt. Erfindet und zeichnet gemeinsam Bilder wie im Beispiel in 5a/b. Vergleicht am Ende eure Bilder. Ist alles richtig?**

6

Wozu? – Sprecht zu zweit. Kombiniert und formuliert Quatschsätze mit *um – zu* wie im Beispiel.

für die Schule lernen
ein Schülerpraktikum machen
Freunde treffen
zu einer Demonstration gehen
Klassensprecher/Klassensprecherin werden
Müll sammeln
am Wochenende arbeiten
mehr Sport machen
viele Bücher lesen
in einer Band singen
Haare färben lassen
ein Referat halten
das Fahrrad reparieren

um – zu

viel Geld verdienen
Spaß haben
draußen sein
schlau werden
die Stadt bunter machen
meine Meinung sagen
viel reden können
meine Eltern ärgern
andere nerven
viele Muskeln bekommen
berühmt werden
gut aussehen
Energie bekommen
schulfrei haben
...

Ich lerne für die Schule, ...

um meine Eltern zu ärgern.

7

Was ist los? – Spielt zu dritt. Person A wählt einen Satzanfang, ergänzt und sagt ihn Person B. C fragt nach. B wiederholt den Satz wie im Beispiel. Dann macht B weiter usw.

✦ Ich träume von ... ✦ Ich denke manchmal an ... ✦ Ich denke oft über ... nach. ✦ Ich spreche heute mit ... ✦ In meinem nächsten Referat spreche ich über ... ✦ Ich erinnere mich noch genau an ... ✦ Ich ärgere mich sehr über ... ✦ Ich streite dauernd mit ... ✦ Ich interessiere mich nicht für ... ✦ Ich freue mich schon total auf ... ✦ Ich kümmere mich gern um ... ✦

Ich träume von einem Urlaub am Meer.

Wovon träumt Laura?

Von einem Urlaub am Meer.

8

Sprachmittlung – Ihr lest folgende Schlagzeilen in der deutschen Presse. Worum geht es in den Artikeln? Erklärt in eurer Muttersprache.

Bundestag beschließt neue Gesetze zum Umweltschutz – Autofahrer müssen bald viel mehr für Benzin zahlen

Europaparlament kommt morgen in Brüssel zur Wahl des Parlamentspräsidenten zusammen

Ferienbeginn in mehreren Bundesländern – Megastaus auf Autobahnen erwartet

Bundespräsident zu Besuch in Mali: Staatschefs beraten in Bamako über die Beziehung beider Länder

9 Kapitelmeister – Rallye durch **Klasse!**

1 ● Was machst du morgens im Bad?
○ Zuerst wasche ich ___, dann putze ich ___ die Zähne.

2 ● Wozu lernst du Deutsch?
○ ___ ich in Deutschland studieren kann.
● Nein, ich meine, warum jetzt gerade?
○ Ach so. ___ morgen gut ___ sein. Wir schreiben einen Test.

3 Lukas ist ü___.

Jenny ist etwas ä___.

4 ● Was möchtest du?
○ Als ___ nehme ich einen Salat, als ___ dann Spaghetti und als ___ hätte ich gern noch den Kuchen.

5 fallen: ich fiel
beginnen: ___
verlassen: ___
geben: ___

6 Wenn ich reich ___ und viel Geld ___, dann ___ ich in die USA fliegen.

7 Das Formular wird ausgefüllt, dann ___ (ausdrucken) und ___ (unterschreiben).

8 ● Kannst du mir morgen dein Rad leihen?
○ Tut mir leid, ich kann ___ ___ nicht geben, ich brauche es selbst.

9 ● Berlin ist eine Stadt, ___ man viel anschauen kann.
○ Stimmt. Ich fand alles toll, ___ wir dort gesehen haben.

10 Meine Freundin kauft dauernd Klamotten, ___ sie gut aussehen will. Manchmal kauft sie auch etwas, ___ sie gar nicht genug Geld hat.

11 Nach der Schule?
studieren: Ich werde studieren.
jobben: ___
reisen: ___
eine Ausbildung machen: ___

12 Seniorenclub sucht freundlich___ Schülerin / freundlich___ Schüler für Computerkurs.

13 ● Wir dürfen ___ der Schule keine Handys benutzen, nur draußen im Hof.
○ Echt? Bei uns sind Handys nur ___ des Unterrichts verboten.

14 Es gibt heute schon Roboter, ___ man alle Fragen stellen und mit ___ man sich richtig unterhalten kann.

15 ● Warum sind deine Eltern so sauer?
○ Ach, wegen ___ Note in Bio, wegen ___ Chaos in meinem Zimmer und wegen ___ Streits mit meinem Bruder.

16 Ich ärgere mich oft ___ die Politiker. Sie kümmern sich zu wenig ___ den Umweltschutz und denken nur ___ die Wirtschaft.

17 Nachdem ich den Bus verpasst ___, ___ ich natürlich viel zu spät in der Schule.

18 ● ___ ___ hast du dich gestritten?
○ Mit meinem Bruder.
● ___?
○ Ach, über nichts Wichtiges.

19 ● Hast du Lust, ins Kino ___ gehen?
○ Lust habe ich schon. Aber ich habe Ole versprochen, ihm ___ helfen.

20 ● Nicht nur Pilot, ___ Steward ist ein cooler Beruf.
○ Echt? Ich finde ___ den einen noch den anderen Beruf interessant.

21 Wir streamen lieber Filme, ___ ins Kino zu gehen. Das ist billiger.

22 Alles ist Kunst!
Porträts ___
Songs ___
Gitarre ___

23 Das ist Finn, ___ gern coole Torten backt.
Das ist Marie, ___ beim Fußball immer Tore schießt.

24 Meine Freundin und ich haben viel gemeinsam. Wir gehen in ___ Klasse, machen ___ Sport und mögen ___ Klamotten.

25 Je l___ ich abends lese, desto m___ bin ich am nächsten Tag in der Schule.

26 ● ___ du am Wochenende arbeitest, hast du immer genug Geld, oder?
○ Stimmt. Aber jetzt habe ich weniger Zeit und viel Stress.

27 ● Haben wir jetzt alle Zutaten?
○ Nein, wir brauchen noch eine Dose ___ , zwei ___  und eine ___ .

28 ● Hat dein Bruder einen besser___ Laptop als du?
○ Nee, sein Laptop ist schlechter als meiner. Aber er hat ein neuer___ Handy.

Spielregel: Spielt zu viert. Löst die 28 Aufgaben zusammen und notiert die Antworten. Ihr habt 15 Minuten Zeit. Vergleicht die Antworten in der Klasse. Welche Gruppe hat die meisten richtigen Antworten?

Landeskunde

10 a Welche Jugendbuchautorinnen/-autoren kennt ihr? Was wisst ihr über sie? Welche Bücher haben sie geschrieben? Sammelt in der Klasse.

b Lest das Porträt über die Autorin des Jugendbuchs „Morgen ist woanders". Welche Informationen gibt der Text über die folgenden Punkte? Sprecht in der Klasse.

✦ Geburtsdatum ✦ Leben heute ✦ Arbeit ✦ Bücher und Preise ✦ Name ✦ Geburtsort ✦ Ausbildung ✦ Kindheit ✦

Die Österreicherin Elisabeth Etz wurde am 9. April 1979 in Wien geboren.
Schon als Kind hat sie gern und viel gelesen und sich für das Schreiben interessiert. Etz studierte später Germanistik und Deutsch als Fremdsprache. Nach verschiedenen Stationen in Berlin, Istanbul und Mailand lebt und arbeitet sie heute wieder in ihrer Heimatstadt Wien.
2004 hat sie angefangen, Bilderbücher und Kinder- und Jugendbücher zu schreiben, die auch mit mehreren Preisen ausgezeichnet wurden.
Besonders bekannt sind die Jugendromane „Alles nach Plan" aus dem Jahr 2015 und „Nach vorn" aus dem Jahr 2018. Das Jugendbuch „Morgen ist woanders" ist 2019 erschienen, aber das Manuskript zum Buch wurde schon 2016 mit dem Kinder- und Jugendbuchpreis des Landes Steiermark ausgezeichnet.

Wenn Elisabeth Etz gerade nicht schreibt, liest sie an Schulen in Deutschland, Österreich oder der Schweiz aus ihren Büchern. Sie arbeitet in Workshops mit Jugendlichen zu den Themen Literatur und Interkulturalität, also dem Zusammenleben Jugendlicher mit ganz unterschiedlicher Herkunft. Außerdem unterrichtet Etz Deutsch als Fremdsprache für geflüchtete Menschen in Wien.
Mehr Informationen zur Autorin und zu ihren Büchern findet man auf ihrer Homepage unter https://elisabetz.at/.

c Was sind die Themen in „Nach vorn" und „Alles nach Plan"? Welches Buch findet ihr interessanter? Warum? Recherchiert und sprecht zu zweit.

d Bekannte deutschsprachige Jugendbücher – Wer hat welches Buch geschrieben und worum geht es? Recherchiert, ordnet zu und sprecht in Gruppen über die Bücher. Kennt ihr vielleicht sogar eins der Bücher in eurer Sprache?

1. Ursula Poznanski	A „Tschick"
2. Herrmann Hesse	B „Momo"
3. Cornelia Funke	C „Unterm Rad"
4. Wolfgang Herrndorf	D „Erebos"
5. Michael Ende	E „Isola"
6. Isabel Abedi	F „Tintenherz"

Also, … ist von Ursula Poznanski. In dem Roman geht es um ein Computerspiel.

11 **a** 4.1 **Ein Bewerbungsvideo von Jonas – Seht Teil 1 von Filmclip 4 an und beantwortet die Fragen 1 bis 4 in der Klasse.**

1. Was sagt Jonas über seine aktuelle Situation?
2. Warum möchte er dieses Praktikum machen?
3. Welche Erfahrungen hat er schon?
4. Welche Eigenschaften, die man im Praktikum braucht, hat er?

b **Seht die Bilder an. Welche Praktika sieht man? Was muss man da vermutlich tun? Welche Eigenschaften braucht man? Sammelt eure Ideen in Gruppen.**

c 4.2 **Seht Teil 2 an. Wer möchte wo ein Praktikum machen und warum? Sprecht in der Gruppe.**

Emil möchte ein Praktikum … machen, weil …

d **Wählt ein Praktikum für euch. Macht Notizen zu eurer aktuellen Situation, euren Erfahrungen und Eigenschaften und dreht dann zu zweit eure Bewerbungsvideos. Zeigt die Videos in der Klasse.**

e 4.3 **Tätigkeiten im Praktikum – Seht Teil 3 an. Was machen die Jugendlichen? Ergänzt zu zweit.**

✦ Akten … ✦ Eimer mit Farbe … ✦ Kaffee … ✦ Brötchen … ✦ auf ein Gerüst … ✦

Jonas muss …

f 4.4 **Wie war das Praktikum? – Lest die Satzanfänge und seht dann Teil 4 an. Notiert wichtige Informationen und ergänzt die Sätze. Vergleicht zu zweit.**

1. Jonas fand sein Praktikum zwar …, aber auch …
2. Emil sagt, sein Praktikum war wirklich …
   Er hat viele Bereiche …
   Im Cockpit …
3. Luzie kann nach dem Praktikum sagen, dass Film …
4. Ricki findet es gut, dass …
   Denn Schule ist …

Grammatik im Überblick

G

Das findest du hier:

Sätze
Doppelkonnektoren 67
Einschränkungen ausdrücken: *zwar – aber* 67
Nebensatz mit *nachdem*, *während* und *bevor* 68
Nebensatz mit *seit(dem)* 68
Ziele ausdrücken: Nebensatz mit *damit* 68
Folgen ausdrücken: Nebensatz mit *sodass / so – dass* 68
Vergleiche ausdrücken: *je – desto/umso* 68
Irreale Vergleiche ausdrücken: *als ob* + Konjunktiv II 69
Relativsatz mit *wo* 69
Relativsatz mit *was* 69
Stellung von Relativsätzen 69
Alternativen nennen: *anstatt – zu* 69
Ziele ausdrücken: Sätze mit *um – zu* 69
Verben
Präteritum 70
Plusquamperfekt 70
Futur I: *werden* + Infinitiv 70
Passiv 71
nicht/kein/nur + brauchen + zu + Infinitiv 71
lassen + Infinitiv 72
Nomen
n-Deklination 72
Pronomen
Relativpronomen 72
Pronominaladverbien 72
Präpositionen
innerhalb, außerhalb + Genitiv 73
während + Genitiv 73
Modalpartikeln 73

Sätze

Doppelkonnektoren

sowohl – als auch*, *nicht nur – sondern auch*, *weder – noch*, *entweder – oder (K10)

A und B	Ich bewerbe mich **sowohl** bei der Bank **als auch** im Reisebüro.
A und B	Ich bewerbe mich **nicht nur** bei der Bank, **sondern auch** im Reisebüro.
nicht A und nicht B	Ich bewerbe mich **weder** bei der Bank **noch** im Reisebüro.
A oder B	Ich bewerbe mich **entweder** bei der Bank **oder** im Reisebüro.

Einschränkungen ausdrücken: *zwar – aber* (K12)

Die Übungen waren **zwar** ganz nett, **aber** manchmal waren sie auch langweilig.
Die Theatergruppe hat **zwar** früh angefangen, **aber** am Ende hatte sie doch Stress.

Zwar stellt etwas fest, *aber* schränkt die Feststellung ein.

Grammatik im Überblick

Zeitangaben machen: Temporale Nebensätze

Nebensatz mit *nachdem*, *während* und *bevor* (K8)

Ereignisse in Hauptsatz und Nebensatz nicht gleichzeitig:

Bevor ich die neue Frisur gesehen habe, war ich noch begeistert.

Nachdem ich die neue Frisur gesehen hatte, brauchte ich eine Mütze.

Nebensatz mit *nachdem* im Plusquamperfekt → Hauptsatz im Präteritum.

Nachdem ich lange geschlafen habe, fühle ich mich besser.

Nebensatz mit *nachdem* im Perfekt → Hauptsatz im Präsens

Ereignisse in Hauptsatz und Nebensatz gleichzeitig:

Während ich beim Friseur gesessen habe, ist Kim in die Stadt gegangen.

Nebensatz mit *seit(dem)* (K10)

Ich möchte Ärztin werden, **seitdem** ich 12 bin.

Seitdem ich 12 bin, möchte ich Ärztin werden.

Seit ich einen Schülerjob habe, habe ich endlich genug Geld für mein Hobby.

Ich habe endlich genug Geld für mein Hobby, **seit** ich einen Schülerjob habe.

Ziele ausdrücken: Nebensatz mit *damit* (K11)

Aktion	Ziel
Kim will im Wald Müll sammeln,	**damit** der Wald sauber bleibt.
Kim muss chillen,	**damit** sie mehr Energie für ihre Pläne hat.

Die Bedeutung von *damit* und *um – zu* ist gleich. Bei verschiedenen Subjekten verwendet man *damit*.

Folgen ausdrücken: Nebensatz mit *sodass* / *so - dass* (K11)

Wir haben kein Jugendzentrum, **sodass** die Jugendlichen keinen Treffpunkt haben.

Die Sportanlage ist **so** alt, **dass** man sie nicht mehr nutzen kann.
(Adjektiv)

Wenn im Hauptsatz ein Adjektiv oder Adverb steht, dann steht ***so*** meistens davor.

Vergleiche ausdrücken: *je - desto/umso* (K12)

Je dicker das Buch ist, **desto** anstrengender finde ich das Lesen.

Je mehr Zeit ich habe, **desto** öfter lese ich.

Achtung! Nach *je* und *desto/umso* steht immer der Komparativ.

Irreale Vergleiche ausdrücken: *als ob* + Konjunktiv II (K12)

Man hat das Gefühl, **als ob** die Szene leben **würde**. (Sie lebt aber nicht.)
Es sieht so aus, **als ob** die Menschen lebendig **wären**. (Sie sind es aber nicht.)

Irreale Vergleiche stehen nach Verben des Fühlens, Wahrnehmens und Verhaltens:
Ich fühle mich, … / Es hört sich so an, … / Er benimmt sich, …

Etwas näher beschreiben: Relativsätze

Relativsatz mit *wo* (K8)

Berlin ist eine Stadt, **wo** man viel erleben kann.
Manche Stadtviertel, **wo** wir waren, haben mir nicht gefallen.

Das Relativpronomen *wo* kann man verwenden, wenn man über Orte spricht.

Relativsatz mit *was* (K8)

Mir hat alles gefallen, **was** ich gesehen habe.
Ich glaube, in jeder Stadt gibt es etwas, **was** man nicht mag.

Nach den Wörtern *alles*, *etwas*, *nichts* verwendet man das Relativpronomen *was*.

Stellung von Relativsätzen (K8)

Nach Berlin, **wo** man viele interessante Sachen sehen kann, fahren wir im Sommer.
Wir sind nach Berlin gefahren, **wo** wir viel gesehen haben.

Relativsätze stehen nah bei dem Nomen, das sie beschreiben.
Wenn nach dem Nomen nur noch ein Verb steht, steht der Relativsatz meistens hinter diesem zweiten Verbteil.

Infinitivsätze

Alternativen nennen: (*an*)*statt* - *zu* (K9)

Anstatt den Kopfhörer wegzuwerfen, kann Florian ihn im Geschäft reklamieren.
Florian kann den Kopfhörer im Geschäft reklamieren, anstatt ihn wegzuwerfen.
Statt online zu shoppen, geh lieber mal auf den Flohmarkt.
Geh lieber mal auf den Flohmarkt, statt online zu shoppen.

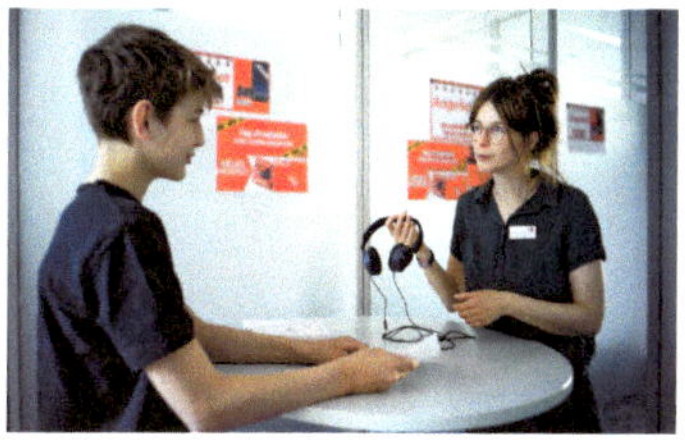

Ziele ausdrücken: Sätze mit *um* - *zu* (K11)

Aktion	**Ziel**
Florian wollte Klassensprecher werden.	Er möchte seinen Mitschülern helfen.
Florian wollte Klassensprecher werden,	**um** seinen Mitschülern **zu** helfen.

Die Bedeutung von *damit* und *um* – *zu* ist gleich.
Wenn die Subjekte gleich sind, verwendet man meistens *um* – *zu*.
Wenn die Subjekte verschieden sind, verwendet man *damit*.

Grammatik im Überblick

Verben

Präteritum

regelmäßige Verben (K8)

	bauen	**feiern**	**machen**
ich	bau**te**	feier**te**	mach**te**
du	bau**test**	feier**test**	mach**test**
er/es/sie	bau**te**	feier**te**	mach**te**
wir	bau**ten**	feier**ten**	mach**ten**
ihr	bau**tet**	feier**tet**	mach**tet**
sie/Sie	bau**ten**	feier**ten**	mach**ten**

Das Präteritum verwendet man meistens in schriftlichen Texten, zum Beispiel in Zeitungsartikel, Romanen, …

unregelmäßige Verben (K8)

	beginnen	**fallen**	**geben**
ich	begann	fiel	gab
du	begann**st**	fiel**st**	gab**st**
er/es/sie	begann	fiel	gab
wir	begann**en**	fiel**en**	gab**en**
ihr	begann**t**	fiel**t**	gab**t**
sie/Sie	begann**en**	fiel**en**	gab**en**

In der ersten Person (*ich*) und in der dritten Person Singular (*er/es/sie*) haben die unregelmäßigen Verben im Präteritum keine Endung.

Eine Liste mit unregelmäßigen Verben findet ihr auf Seite 74.

Plusquamperfekt (K8)

Vergangenheit	**Perfekt und Präteritum**	Nach meinem Geburtstag **bin** ich **losgefahren**. Ich **wollte** alleine eine große Tour **machen**.	Nach fünf Tagen **habe** ich meine Pläne **geändert**. Ich **hatte** keine Lust mehr.
Vor-vergangenheit	**Plusquam-perfekt**	Vorher **hatte** ich meinen Führerschein **gemacht**.	Davor **war** ich in die Schweiz **gefahren**.

Das Plusquamperfekt benutzt man, wenn man über etwas aus der Vergangenheit berichtet, das vor einem anderen Ereignis in der Vergangenheit liegt.

Bildung: *haben/sein* im Präteritum + Partizip II

Futur I: *werden* + Infinitiv (K7)

ich	werd**e**
du	wir**st**
er/es/sie	wird
wir	werd**en**
ihr	werd**et**
sie/Sie	werd**en**

Du wirst eine Ausbildung machen.

Ihr habt gesagt, dass ihr reisen werdet.

Wenn man über die Zukunft spricht, kann man auch das Präsens mit Zeitangaben in der Zukunft verwenden:

Nach der Schule machst du eine Ausbildung.

Ihr habt gesagt, dass ihr nach dem Abitur reist.

Mit dem Futur I oder dem Präsens und Wörtern wie *wahrscheinlich, vielleicht, wohl, sicher* … äußert man auch Vermutungen:

Nächste Woche wird das Wetter *sicher* schön sein. Nächste Woche ist das Wetter *wahrscheinlich* schön.

Vorgänge beschreiben: Passiv

Passiv Präsens (K9)

Das Passiv bildet man mit ***werden*** + **Partizip II**.

Der Pass wird geprüft.
→ Man prüft den Pass.
Die Bankkarte und die PIN werden dir zugeschickt.
→ Man schickt dir die Bankkarte und die PIN zu.

Beim Passiv ist wichtiger, was passiert. Die Person ist nicht wichtig oder unbekannt.

Passiv Präteritum (K9)

Das Passiv Präteritum bildet man mit ***wurde(n)*** + **Partizip II**.

Wann wurde der Euro eingeführt?
→ Wann führte man den Euro ein?

Passiv Perfekt (K9)

Das Passiv Perfekt bildet man mit ***sein*** + **Partizip II** + ***worden***.

Wann ist der Euro eingeführt worden?
→ Wann hat man den Euro eingeführt?

Man benutzt das Passiv Perfekt selten.

Passiv mit Modalverben (K10)

Das Passiv mit Modalverb bildet man mit **Modalverb** + **Partizip II** + ***werden***.

Die Briefe müssen zur Post gebracht werden.
→ Man muss die Briefe zur Post bringen.

nicht/kein/nur + *brauchen* + *zu* + Infinitiv (K9)

Du brauchst mir das Geld **nicht** jetzt **zu** geben.
Du brauchst **kein** Geld mit**zu**bringen.
Ich brauche **nur** meine Nachbarn **zu** fragen.

Grammatik im Überblick

lassen + Infinitiv (K12)

ich	lass**e**
du	lä**sst**
er/es/sie	lä**sst**
wir	lass**en**
ihr	lass**t**
sie/Sie	lass**en**

Wir lassen uns fotografieren.
Ich lasse mein Rad reparieren.

Nomen

n-Deklination (K10)

Singular			Plural	
Nominativ	der/ein	Kunde	die	Kunde**n**
Akkusativ	den/einen	Kunde**n**	die	Kunde**n**
Dativ	dem/einem	Kunde**n**	den	Kunde**n**
Genitiv	des/eines	Kunde**n**	der	Kunde**n**

Die Kasusformen von einigen maskulinen Nomen enden immer auf -(*e*)*n*, nur im Nominativ Singular nicht.

alle Maskulina auf *-e*
(Personen, Tiere, Nationalitäten)

der Kollege, der Kunde, der Deutsche, der Türke, der Russe, der Neffe, der Junge, der Hase, der Löwe, der Affe, …

alle Maskulina auf *-ant*, *-and*, *ent*, *-ist*, *-oge*, *-at* (Personen, Berufe, Tiere)

der Praktikant, der Tourist, der Journalist, der Student, der Elefant, …

weitere Maskulina

der Mensch, der Herr, der Nachbar, der Name, der Bauer, der Fotograf, der Architekt, der Bär, …

Pronomen

Relativpronomen (K8)

bei Orten: **wo**
nach *alles*, *etwas*, *nichts*: **was**

Wir fahren nach Berlin, **wo** es viele Sehenswürdigkeiten gibt.
Ich habe in Berlin alles gesehen, **was** mich interessiert.

Pronominaladverbien (K11)

Fragewörter mit Präposition	Pronomen mit Präposition
Dinge/Ereignisse **Worüber** denkst du oft nach? **Wofür** interessierst du dich?	**Dinge/Ereignisse** Interessierst du dich für Politik? Politik? **Dafür** interessiere ich mich nicht.
Personen **Über wen** ärgerst du dich oft? **Mit wem** sprichst du über Probleme?	**Personen** Diskutierst du oft mit deinen Freunden? Natürlich diskutiere ich oft **mit ihnen**.

Wenn die Präposition mit einem Vokal beginnt, brauchst du ein r → worüber, woran, worauf, darüber, darauf, …

Verben mit Präpositionen

denken an + Akk.
sich freuen auf/über + Akk.
sich interessieren für + Akk.
sich ärgern über + Akk.
sich kümmern um + Akk.
sich erinnern an + Akk.
nachdenken über + Akk.
träumen von + Dat.
sich streiten mit + Dat. / über + Akk.
sprechen mit + Dat. / über + Akk.

Präpositionen

innerhalb, *außerhalb* + Genitiv (K7)

innerhalb des Klassenraums
innerhalb eines Bundeslandes
außerhalb der Schule
außerhalb der Gymnasien
! außerhalb Deutschland**s**/Belgien**s**

Innerhalb und *außerhalb* können einen Ort (*außerhalb der Schule*) und einen Zeitraum (*innerhalb eines Tages*) beschreiben.

während + Genitiv (K7)

während des Tests
während des Referats
während der Schulzeit
während der freien Tage

Während der Schulzeit hat man immer wieder Stress, zum Beispiel vor Klassenarbeiten.

Modalpartikeln (K9)

aber	Überraschung
denn	Interesse (nur in Fragen)
doch	Vorschlag
ja	etwas ist bekannt
mal	freundliche Aufforderung

Das ist aber schön!
Was ist das denn?
Komm doch heute zu mir!
Du bist ja so gut in Mathe.
Schau mal!

Unregelmäßige Verben

Fettgedruckte Verben sind wichtig für das Goethe-/ÖSD-Zertifikat B1.

Infinitiv	Präsens (3. Person)	Präteritum (3. Person)	Perfekt (3. Person)
ab|biegen	biegt ab	bog ab	ist abgebogen
ab|geben	gibt ab	gab ab	hat abgegeben
ab|hängen (von)	hängt ab von	hing ab von	hat abgehangen von
ab|heben	hebt ab	hob ab	hat abgehoben
ab|nehmen	nimmt ab	nahm ab	hat abgenommen
an|bieten	bietet an	bot an	hat angeboten
an|fangen	fängt an	fing an	hat angefangen
an|geben	gibt an	gab an	hat angegeben
an|haben	hat an	hatte an	hat angehabt
an|nehmen	nimmt an	nahm an	hat angenommen
an|rufen	ruft an	rief an	hat angerufen
an|schließen	schließt an	schloss an	hat angeschlossen
an|ziehen	zieht an	zog an	hat angezogen
auf|fallen	fällt auf	fiel auf	ist aufgefallen
auf|geben	gibt auf	gab auf	hat aufgegeben
auf|heben	hebt auf	hob auf	hat aufgehoben
auf|nehmen	nimmt auf	nahm auf	hat aufgenommen
auf|stehen	steht auf	stand auf	ist aufgestanden
auf|treten	tritt auf	trat auf	ist aufgetreten
aus|fallen	fällt aus	fiel aus	ist ausgefallen
aus|geben	gibt aus	gab aus	hat ausgegeben
sich aus|kennen	kennt sich aus	kannte sich aus	hat sich ausgekannt
aus|sehen	sieht aus	sah aus	hat ausgesehen
aus|sprechen	spricht aus	sprach aus	hat ausgesprochen
aus|steigen	steigt aus	stieg aus	ist ausgestiegen
backen	bäckt/backt	backte	hat gebacken
befehlen	befiehlt	befahl	hat befohlen
sich befinden	befindet sich	befand sich	hat sich befunden
beginnen	beginnt	begann	hat begonnen
behalten	behält	behielt	hat behalten
beißen	beißt	biss	hat gebissen
bekommen	bekommt	bekam	hat bekommen
sich benehmen	benimmt sich	benahm sich	hat sich benommen
beraten	berät	beriet	hat beraten
beschließen	beschließt	beschloss	hat beschlossen
beschreiben	beschreibt	beschrieb	hat beschrieben
besitzen	besitzt	besaß	hat besessen
besprechen	bespricht	besprach	hat besprochen
bestehen	besteht	bestand	hat bestanden
beweisen	beweist	bewies	hat bewiesen
sich bewerben	bewirbt sich	bewarb sich	hat sich beworben
bieten	bietet	bot	hat geboten
bitten	bittet	bat	hat gebeten
bleiben	bleibt	blieb	ist geblieben
braten	brät	briet	hat gebraten
bringen	bringt	brachte	hat gebracht
denken	denkt	dachte	hat gedacht
dürfen	darf	durfte	hat dürfen/gedurft
ein|fallen	fällt ein	fiel ein	ist eingefallen
ein|laden	lädt ein	lud ein	hat eingeladen
ein|steigen	steigt ein	stieg ein	ist eingestiegen
empfehlen	empfiehlt	empfahl	hat empfohlen
(sich) entscheiden	entscheidet (sich)	entschied (sich)	hat (sich) entschieden

sich entschließen	entschließt sich	entschloss sich	hat sich entschlossen
entstehen	entsteht	entstand	ist entstanden
erfahren	erfährt	erfuhr	hat erfahren
erfinden	erfindet	erfand	hat erfunden
erhalten	erhält	erhielt	hat erhalten
erkennen	erkennt	erkannte	hat erkannt
erschrecken	erschreckt/erschrickt	erschreckte/erschrak	hat/ist erschrocken
essen	isst	aß	hat gegessen
fahren	fährt	fuhr	ist gefahren
fallen	fällt	fiel	ist gefallen
fern|sehen	sieht fern	sah fern	hat ferngesehen
fest|stehen	steht fest	stand fest	hat festgestanden
finden	findet	fand	hat gefunden
fliegen	fliegt	flog	ist geflogen
frieren	friert	fror	hat gefroren
geben	gibt	gab	hat gegeben
gefallen	gefällt	gefiel	hat gefallen
gehen	geht	ging	ist gegangen
gelingen	gelingt	gelang	ist gelungen
gelten	gilt	galt	hat gegolten
genießen	genießt	genoss	hat genossen
geschehen	geschieht	geschah	ist geschehen
gewinnen	gewinnt	gewann	hat gewonnen
gießen	gießt	goss	hat gegossen
haben	hat	hatte	hat gehabt
halten	hält	hielt	hat gehalten
hängen	hängt	hing	hat gehangen
heben	hebt	hob	hat gehoben
heißen	heißt	hieß	hat geheißen
helfen	hilft	half	hat geholfen
herunter|fahren	fährt herunter	fuhr herunter	hat heruntergefahren
hin|weisen	weist hin	wies hin	hat hingewiesen
kennen	kennt	kannte	hat gekannt
klingen	klingt	klang	hat geklungen
kommen	kommt	kam	ist gekommen
können	kann	konnte	hat können/gekonnt
laden	lädt	lud	hat geladen
lassen	lässt	ließ	hat gelassen
laufen	läuft	lief	ist gelaufen
leihen	leiht	lieh	hat geliehen
lesen	liest	las	hat gelesen
liegen	liegt	lag	hat gelegen
los|fahren	fährt los	fuhr los	ist losgefahren
lügen	lügt	log	hat gelogen
missverstehen	missversteht	missverstand	hat missverstanden
möchten	möchte	mochte	hat gemocht
mögen	mag	mochte	hat mögen/gemocht
müssen	muss	musste	hat müssen/gemusst
nach|denken	denkt nach	dachte nach	hat nachgedacht
nehmen	nimmt	nahm	hat genommen
nennen	nennt	nannte	hat genannt
raten	rät	riet	hat geraten
reiben	reibt	rieb	hat gerieben
reiten	reitet	ritt	ist geritten
scheinen	scheint	schien	hat geschienen
schießen	schießt	schoss	hat geschossen
schlafen	schläft	schlief	hat geschlafen
schlagen	schlägt	schlug	hat geschlagen
schließen	schließt	schloss	hat geschlossen
schneiden	schneidet	schnitt	hat geschnitten
schreiben	schreibt	schrieb	hat geschrieben

schreien	schreit	schrie	hat geschrien
schwimmen	schwimmt	schwamm	ist geschwommen
sehen	sieht	sah	hat gesehen
sein	ist	war	ist gewesen
senden	sendet	sandte/sendete	hat gesandt/gesendet
singen	singt	sang	hat gesungen
sitzen	sitzt	saß	hat gesessen
sollen	soll	sollte	hat sollen/gesollt
sprechen	spricht	sprach	hat gesprochen
springen	springt	sprang	ist gesprungen
statt|finden	findet statt	fand statt	hat stattgefunden
stehen	steht	stand	hat gestanden
stehlen	stiehlt	stahl	hat gestohlen
sterben	stirbt	starb	ist gestorben
(sich) streiten	streitet (sich)	stritt (sich)	hat (sich) gestritten
teil|nehmen	nimmt teil	nahm teil	hat teilgenommen
tragen	trägt	trug	hat getragen
treffen	trifft	traf	hat getroffen
treiben	treibt	trieb	hat getrieben
treten	tritt	trat	hat/ist getreten
trinken	trinkt	trank	hat getrunken
tun	tut	tat	hat getan
übernehmen	übernimmt	übernahm	hat übernommen
überweisen	überweist	überwies	hat überwiesen
um|gehen	geht um	ging um	ist umgegangen
um|steigen	steigt um	stieg um	ist umgestiegen
(sich) um|ziehen	zieht (sich) um	zog (sich) um	ist umgezogen / hat sich umgezogen
(sich) unterhalten	unterhält (sich)	unterhielt (sich)	hat (sich) unterhalten
unternehmen	unternimmt	unternahm	hat unternommen
unterscheiden	unterscheidet	unterschied	hat unterschieden
unterschreiben	unterschreibt	unterschrieb	hat unterschrieben
verbieten	verbietet	verbot	hat verboten
verbinden	verbindet	verband	hat verbunden
verbringen	verbringt	verbrachte	hat verbracht
vergessen	vergisst	vergaß	hat vergessen
vergleichen	vergleicht	verglich	hat verglichen
sich verhalten	verhält sich	verhielt sich	hat sich verhalten
verlassen	verlässt	verließ	hat verlassen
sich verlaufen	verläuft sich	verlief sich	hat sich verlaufen
verlieren	verliert	verlor	hat verloren
vermeiden	vermeidet	vermied	hat vermieden
verschwinden	verschwindet	verschwand	ist verschwunden
versprechen	verspricht	versprach	hat versprochen
verstehen	versteht	verstand	hat verstanden
verzeihen	verzeiht	verzieh	hat verziehen
vor|haben	hat vor	hatte vor	hat vorgehabt
vor|kommen	kommt vor	kam vor	ist vorgekommen
vor|schlagen	schlägt vor	schlug vor	hat vorgeschlagen
waschen	wäscht	wusch	hat gewaschen
werden	wird	wurde	ist geworden
werfen	wirft	warf	hat geworfen
widersprechen	widerspricht	widersprach	hat widersprochen
wissen	weiß	wusste	hat gewusst
wollen	will	wollte	hat wollen/gewollt
ziehen	zieht	zog	hat gezogen
zwingen	zwingt	zwang	hat gezwungen

Tipp: Die meisten unregelmäßigen trennbaren Verben bildet man wie ihr Grundverb.
Beispiel: *ab**waschen** wie **waschen** → er **wäscht** ab, er **wusch** ab, er hat ab**gewaschen***
*mit**kommen** wie **kommen** → er **kommt** mit, er **kam** mit, er ist mit**gekommen***

Quellen

Auftragsfotos von Dieter Mayr, München.
Illustrationen von Andrea Naumann, Aachen.
Fotos auf den Filmseiten: Stills aus den Videoclips.

Die Quellen sind alphabetisch nach den Rechteinhabern geordnet. Die Nummer gibt die Buchseite und hinter dem Punkt die Position auf dieser Buchseite an. Fotos ohne Quellenangabe sind Auftragsfotos oder kommen auf einer früheren Seite bereits vor und sind dort mit allen Angaben erwähnt.

Aufnahme vom 22.05.2014; Foto: Klaus Schneidewind; Hexentanzplatz Show Theater „Harz Mystery" www.harz-mystery.de **35.2**; Cartoon: Karsten Schley **7.2**; CDU Deutschlands **107.5**; CHRISTLICH-SOZIALE UNION **45.8**; DIE LINKE **45.2**; Ekaterina Zacharova, Repro: Raphael Lichius **54.1**; Erik Liebermann/Baaske Cartoons Müllheim **7.4**; Foto: Johann Sebastian Hanel; Theatergruppe Mosbacher Berg, Wiesbaden. Leitung Ulrich Poessnecker **58.2**; Foto: Marc Doradzillo **58.4**; Getty Images, München: **16.8** D (Semmick Photo); Johannes Geisthardt | hannes-comix.de **7.3**; Klett-Archiv, Stuttgart: **16.1**; picture alliance/ullstein bild **16.2**; picture-alliance, Frankfurt: **15.2** (R4200); **15.4** (Jörg Carstensen, dpa); **16.4** (imageBROKER); Quelle: www.gruene.de **45.7**; Shutterstock, New York: **4.1** (Patryk Kosmider); **18.1**, **37.1** Fahrlehrer /-schüler (Syda Productions); **18.4** (Monkey Business Images); **13.1** (Delpixel); **15.1** (FooTToo); **15.5** (360b); **16.5** A (yotily); **16.6** B (Lepneva Irina); **16.7** C (Mikhail Markovskiy); **16.10** F (hanohiki); **18.2** (Lucky Business); **18.3** (Halfpoint); **24.1** (mimagephotography); **24.2** (Nordroden); **24.3** (Alina Demidenko); **24.4** (StoryTime Studio); **24.5** (Sam Wordley) ; **24.6** (Nadino); **24.7** (Yalana); **34.1** (VoodooDot); **35.3** (footageclips); **37.2** Maler / Kundin (RomanR); **37.3** Stewardess / Fluggast (CandyBox Images); **37.4** Anwalt/ Richterin (wavebreakmedia) **37.5** Patientin / Pflegerin (Alexander Raths); **38** (ALPA PROD); **45.1** (Spreefoto); **45.10** (Standard Studio); **45.11** (PHOTOCREO Michal Bednarek); **45.12** (photocosmos1); **45.13** (Toenne); **48.1** (Daisy Daisy); **48.2** (AYakovlev); **48.3** (garetsworkshop); **58.1** (Pressmaster); **61.1** Giraffe (g_tech); **61.2** Bücher (Tatyana__K); **64.1** Flugzeug (MO_SES Premium); **64.2** Gitarre (LightField Studios); Steffen Kugler/Bundesregierung/dpa **45.9**; Teddy Tietz **7.1**; Westfälische Nachrichten, Foto: Dieter Klein **58.3**; Daniel Raunig **35.1**; © dpa **15.3**; © emoji company GmbH. All rights reserved. **11.1**, **11.2**, **11.3** © fdp.de **45.3**; © INITIATIVE auslandszeit **12.1**, **12.2**, **14.1**; © SPD **45.4**; © Tina Reiter/ Tyrolia **65.1**; © Tyrolia Verlag **5.1**; © Tyrolia-Verlag, Innsbruck **56.1**; © Zaglossus e.U. **65.3**; ©dpa – Report **16.3**

© Verlagsanstalt Tyrolia, Innsbruck-Wien 2019: Textauszug aus Elisabeth Etz, Morgen ist woanders **57**.

Fotomodelle

Jan de Boer, Paula de Boer, Lucia Borda, Simon Heyduck, Greta Mayr, Jakob Mayr, Levin Tschürtz, Elena Zachariades

Audios: Sprecherinnen und Sprecher

Jan de Boer, Paula de Boer, Lucia Borda, Marco Diewald, Clara Gerlach, Robi Hammerle, Angela Kilimann, Louis Kübel, Philip Lainovic, Sofia Lainovic, Felice Lembeck, Christof Lenner, Greta Mayr, Jakob Mayr, Jenny Scherling, Riccarda Siebels, Helge Sturmfels, Levin Tschürtz, Peter Veit, Elena Zachariades

Videos

Produktion und Regie: Bild & Ton, München
Kamera: Martin Noweck
Ton: Daniel Jocher
Mitwirkende: David Besteck, Felicitas Gerhaher, Julius Gerhaher, Jakob Güntner, Lukas Güntner, Jenny Roth, Ada S., Milla S.
Postproduktion: Thomas Simantke, EKS Stuttgart
Musik: This is happy vom hitslab, www.audiojungle.net (Film 4), Fashion upbeat uplifting von magpiemusic, www.audiojungle.net / The fish army march von banstewartsmith, www.audiojungle.net (Film 3), Upbeat motivational inspiring corporate von stocksounds, www.audiojungle.net (Film 4)
Foto: gestrichene Wand von Ponomarenko Anastasiia (Shutterstock.com)
Zeichentrick: Theo Scherling
Wir danken allen, die uns bei der Realisierung des Projekts unterstützt haben:
Krystof Hoppmann, Frank Reichl GmbH, IP Dynamic GmbH, Landeshauptstadt München, Referat für Bildung und Sport, Karlsgymnasium München

Grammatikclips

von Dr. Eveline Schwarz, Graz
Redaktion und Regie: Annette Kretschmer und Felice Lembeck
Kamera und Postproduktion: Thomas Simantke, EKS Stuttgart
Mitwirkende: Marco Diewald, Clara Gerlach, Angela Kilimann, Louis Kübel, Sofia Lainovic, Helge Sturmfels

Lösung zum Geldquiz in Kapitel 9, Seite 27

1B, 2C, 3A, 4B, 5C